U0635109

河北省社会科学基金项目

雄安"水木匠"

——白洋淀边造船人

马景文　杨亚蒙 ──── 著

天津出版传媒集团

天津人民出版社

图书在版编目(CIP)数据

雄安"水木匠":白洋淀边造船人 / 马景文, 杨亚蒙著. -- 天津:天津人民出版社, 2020.1
ISBN 978-7-201-14155-8

Ⅰ.①雄… Ⅱ.①马… ②杨… Ⅲ.①造船工业-工业史-安新县-通俗读物 Ⅳ.①F426.474-49

中国版本图书馆 CIP 数据核字(2019)第 288081 号

雄安"水木匠":白洋淀边造船人
XIONGAN SHUI MUJIANG:BAIYANGDIAN BIAN ZAO CHUAN REN

出　　版	天津人民出版社
出 版 人	刘　庆
地　　址	天津市和平区西康路 35 号康岳大厦
邮政编码	300051
邮购电话	(022)23332469
电子信箱	reader@tjrmcbs.com

责任编辑　杨　轶
封面设计　春天书装

印　　刷	天津新华印务有限公司
经　　销	新华书店
开　　本	880 毫米×1230 毫米　1/32
印　　张	4.375
插　　页	5
字　　数	105 千字
版次印次	2020 年 1 月第 1 版　2020 年 1 月第 1 次印刷
定　　价	48.00 元

"华北明珠"白洋淀　李泽辉拍摄

白洋淀秋意　高会良拍摄

辛文生主持建造的 21 米长玻璃钢龙画舫　辛学红供稿

辛文生制作的画舫船模　马景文拍摄

在自然因素与人为因素的双重作用下，白洋淀呈现出田地、沟渠等交错分布的景象，这里的人们依水而居，人与自然和谐共生。一方水土养一方人，白洋淀人有的在淀边的堤岸上，有的在淀中面积较大的岛屿上建房居住，村庄遂有了淀边村庄与淀中村庄之分，形成了一种孤岛与半岛交错分布的独特地理风貌。依水而居，以水为生，独特的水乡地理风貌催生了白洋淀独特的生产方式和生活方式，船只成为人们生产、生活的首选工具。

白洋淀边的马家寨曾是一个四面环水的村子，后因白洋淀水面逐渐退缩，村子周边已经看不到水面了，但是村中的街道格局和古老房屋依然留存。有别于其他平原村庄的是，马家寨四周还保留有环村的护村沟渠，延续了几百年的村中街道格局依然可见。更重要的是，马家寨是远近闻名的造船村，漫长的历史中，白洋淀上的船基本都是马家寨建造的。

历史上白洋淀水面辽阔，为方便出行，白洋淀的造船业应运而生。马家寨是中国北方唯一一个世代以排船（造船）为生的村子，据记载该村已有600余年的造船历史了。在这个村子里，上到七八十岁的老人，下到十来岁的娃娃，无论锛凿斧锯，还是摽线放木，排船人人都有一手。马家寨排船代代相传，没有图纸，也没有模型可供参考，全凭一代代老匠人的口传心授。

马家寨造船业曾经培养了数量众多的"水木匠"（白洋淀的木匠大致分为三类，做家具的叫作"巧木匠"，做棺材的叫作"笨木匠"，而造船的就被称为"水木匠"，盖指以水为生之意），其中的很多人仍在辛勤地从事着这一古老行业。1950年出生，仅小学文化程度的辛文生就是他们当中的佼佼者。辛文生的祖祖辈辈都生活在马家寨，十五六岁时就和村里的造船师傅走南闯北建造船只，后来更是凭借改革开放的东风，果断地将传统的手工作坊改制为有限公司，拉开了白洋淀造船业跨越式发展的序幕。他从制作白洋淀传统木船起步，后逐步涉足皇家风格的画舫、游船系列，取得了一系列辉煌的成就。近些年来他为北京颐和园、北海公园等地建造了多艘游船和画舫，还为2014年北京APEC会议建造了接待用船龙画舫，极大地提升了马家寨造船业的知名度。

《河北雄安新区规划纲要》指出："将标志性历史遗存的保护与城市公共空间的建设有机结合，保护传统村镇内历史空间格局清晰、传统风貌较为完整的核心地段，传承与展示水乡生产习俗和民俗文化活动。"①就马家寨的历史和格局来看,马家寨应该属于"标志性历史遗存"的范围,这个村子和它的传统造船技艺一样,应该成为历史文化遗产保护的对象。我们希望能够看到这个村庄及其造船文化被完整地保留下来。

我们在安新县白洋淀造船有限公司的全力协助之下,深入解剖马家寨这只"麻雀",对其躯体作了一番细致探察,尽力做到宏观观察与微观解剖的统一,旨在揭示白洋淀传统造船技艺的生成背景,同时展现雄安"水木匠"的高超技艺和精神风貌,进而深入挖掘马家寨的历史与文化内涵,弘扬白洋淀传统的造船技艺和旅游文化。至于这一初衷能否实现,我们期待读者诸君给出你们的宝贵意见。

马景文　杨亚蒙

2019 年 6 月 10 日

---

① 《河北雄安新区规划纲要》,人民出版社 2018 年版,第 28 页。

目录

一、白洋淀：千年的历史层累

白洋淀是华北地区最大、最重要的淡水湖泊和缓洪滞沥的大型平原洼淀，素有"北国江南""北地西湖"之美誉，有"华北明珠""华北之肾"之称，是国家"5A"级风景区，每年吸引着几十万国内外游人来此休闲、娱乐。

"华北之肾"白洋淀

白洋淀地面以水体为主，"水落则洼淀分明，水涨则互连成片"①，水域间有苇田、台地、沟壕、村庄，沟淀相连，淀淀相通，星罗棋布，纵横交错，景观独特。地理教育家杨伯震这样描述白洋淀：

河北省中部，大清河南支中游有个白洋淀。它是以白洋淀为主的143个大小淀泊，由密如蛛网的水

---

① 彭艳芬：《白洋淀名称考释》，《兰台世界》2011年11月（上）。

道串联而成，四周有围堤。堤内淀泊相连，洪水时宛如一湖；水道在纵横的冈地间来回穿插，又若水上迷宫。白洋淀水面年际变化大，洪水年水位涨至 10 米以上时，面积达 355 平方千米；枯水年水位降至 6.5 米时，面积只有 70 平方千米。1965 年以来，由于气候干旱和上游工农业用水激增，入淀水量锐减，以致多次干淀。其中 1984—1988 年连续干涸 4 年。后采取从上游水库调水补给和引黄济淀等措施，缓解了白洋淀缺水危机。

白洋淀是河北省最大淡水湖，对缓洪滞洪、补充周边地区地下水、维护京津地区生态环境有不可替代作用，被称为"华北之肾"。它是华北地区最大的淡水鱼和芦苇产地。[①]

杨伯震的描述大体上不错，就是有些数据不准确。白洋淀总面积为 366 平方千米，淀区主要由白洋淀、马棚淀、藻苲淀等大小不等的 143 个淀泊（"淀"是浅水湖泊的地方名称，"泊"则是蓄水的洼地）和 3700 多条沟壕组成，以水体为主，水域间有苇田、台地、村庄，三者交错相间。

从地理位置上看，白洋淀北距北京 156 千米，东距

---

① 杨伯震:《中华万里疆域：中国省区地理新编》，人民教育出版社 2010 年版，第 22 页。

天津 152 千米，西距保定 45 千米，南距石家庄 189 千米。白洋淀位于永定河冲积扇与滹沱河冲积扇相夹峙的低洼地区，为积水洼地。它从北、西、南主要承接萍河、瀑河、漕河、府河、清水河、唐河、孝义河、潴龙河来水。为增加白洋淀水量来源，20 世纪 70 年代从雄县新盖房开挖白沟引河，大清河水从白沟引河进入白洋淀。因此，白洋淀又有"九河末梢"之称。白洋淀水经过任丘市枣林庄枢纽工程流入东淀，经赵王新河、大清河汇入海河，最终注入渤海。

白洋淀属于大清河水系。大清河是海河的 5 条主要支流之一（海河水系由海河干流和上游的北运河、永定河、大清河、子牙河、南运河五大支流组成）。大清河的支流很多，长度在 10 千米以上的河流共有 79 条，绝大部分发源于太行山脉的东麓，源短流急，河系呈扇形分布。

大清河分为南北两支。大清河北支为拒马河，发源于河北省涞源县的涞山，东北流经紫荆关向北，至河北省涞水县境转而向东，流经北京市房山区张坊镇后又进入涞水县境内，至千河口分为两条小支流。北支流名北拒马河，先后有胡良河、挟括河、琉璃河及小清河汇入，流至河北省涿州市义合庄乡东茨村改名为白沟河。南支流名南拒马河，在河北省定兴县北河店附近纳入北易水和中易水，至白沟镇与白沟河汇合，始称为大清河。大清河在雄县新盖房枢纽工程附近又分为三股，即引河、灌河（原大清河河道）和分洪道。若上游汛期来水量小于

500 立方米/秒时,大清河水由白沟引河下泄入白洋淀。

大清河南支包括由磁河和沙河等汇集而成的潴龙河,以及唐河、萍河、府河、漕河、瀑河、方顺河等。潴龙河是大清河南支的主要行洪河道,由沙河、磁河及孟良河在河北省安平县马店镇北郭村汇流而成,东北流注入白洋淀。唐河发源于山西省浑源县,在河北省安新县同口镇韩村流入白洋淀。

白洋淀汇水面积 3.12 万平方千米,淀底高程 5.5~6.0 米(大沽高程①,下同)当淀区水位为 10.5 米时,蓄水量为 9.58 亿立方米。

白洋淀淀区的多年平均降水量为 524.9 毫米,多年平均蒸发量为 1369 毫米。降水具有明显的季节性,80% 的降水集中于 6—9 月,且多为大雨或暴雨,往往形成洪涝灾害。因此,7—11 月为白洋淀丰水期,12 月至次年 6 月为枯水期。淀区降水量的年际变化同样悬殊,如 1988 年降

---

① 高程是由高程基准面起算的地面点高度,由于选用的基准面不同,会有不同的高程。大沽高程是华北水利委员会于 1931 年在该会院内设立永久性水准基点,并与全国大地测量高程网连接后正式形成的。华北、西北等地所测地形图,后来曾多使用此高程系统。后来受天津市区地面沉降的影响,1978 年,天津测绘部门将水准原点移建至宝坻县境内的岩基上,其大沽高程为 6.226 米。1956 年全国采用统一的黄海高程(水准基点设在青岛观象山上,相对黄海平均海面的高程为 72.289 米)后,经换算,大沽高程比黄海高程要高 1.163 米。20 世纪 80 年代后期,通过对海河流域基准点联测,更改各地大沽高程为黄海高程。目前统一采用的是"1985 国家高程基准"。但是由于历史原因,计量河水、洪水水位的海拔基准仍有所不同。大沽高程的影响深远,除引用旧资料时常遇到之外,目前一些工程有的还在使用大沽高程,因此标准统一尚有一个过程。作者引自文档网(https://www.wendangwang.com/doc/a9e960bed681037af6b211a9)。

水量为 924.1 毫米，1962 年降水量仅为 210.0 毫米，[1]有时甚至出现连丰、连枯的现象。

白洋淀的水资源总量在各个年度都是不一样的。根据 1988—2000 年 13 年间的水文资料计算出的白洋淀水位与容量之间的关系为：平均最高水位 8.9 米，平均最低水位 6.65 米，年平均蓄水量为 4.1 亿立方米。不同水平年淀内水位、入淀、出淀水量差别很大，对应于不同的保证率，水资源总量表现出不确定性。

作为华北平原最大的淡水湖泊湿地，白洋淀在缓洪滞涝、蓄水灌溉、调节小气候和维护生态环境平衡等方面具有重要的作用。20 世纪 50 年代初，白洋淀水域面积为 561.1 平方千米。20 世纪 60 年代以来，在气候条件和人类活动的剧烈干扰下，白洋淀流域入淀的地表径流量不断减少，淀区的水资源量大幅度减少，干淀现象频繁发生。由于用水量的不断增加，大量生活污水和工业废水流入，水环境受到严重威胁。白洋淀流域水量的减少和水质的恶化，导致流域的生态功能减弱，进而影响流域的社会经济发展和生态环境安全。

从 1983 年开始，白洋淀连续 5 年干淀，水乡风光大减，野生动物资源遭到破坏，生态系统变得非常脆弱，淀区群众生活困难。1988 年是丰水期，年降水量 924.1 毫米，上游水库放水量加大，淀中水量增多，白洋淀才重新

---

[1] 高彦春、王金凤、封志明：《白洋淀流域气温、降水和径流变化特征及相互影响关系》，《中国生态农业学报》2017 年第 4 期。

恢复了生机。

为了缓解白洋淀的干淀危机,1981年起开始给白洋淀补水,"引水济淀"成为一项重大决策。1981—1999年,从流域上游的王快水库、西大洋水库、安各庄水库补水8次,共补水2.26亿立方米。2000—2010年,11年间从上游三大水库补水和跨流域引水达16次之多,共补水9.25亿立方米。[①]其中,2004年2月实施了"引岳济淀"("岳"指岳城水库,位于河北省磁县与河南省安阳县交界处,是漳河上的一个控制水利枢纽工程),入淀水量1.59亿立方米。2006年11月实施了第一次"引黄济淀",工程补水量1.0亿立方米;2008—2012年1月又相继实施第二次、第三次、第四次、第五次"引黄济淀"。

2012年汛期,受"7·21"特大暴雨和洪水入淀的影响,白洋淀天然入淀水量1.86亿立方米,2013年和2014年两年未补水。由于2014年天然入淀水量偏少,淀水位持续下降,为防止干淀,2015年4—7月由王快、西大洋水库两次向白洋淀补水0.4亿立方米。2017年,雄安新区向白洋淀进行了两次补水,入淀水量0.62亿立方米。2018年,雄安新区向白洋淀进行了4次补水,入淀水量1.72亿立方米。

连续多年的"引水济淀",使白洋淀的生态环境得到了持续性改善。特别是"引黄济淀"工程实施后,给白洋

①段昊书、谢盼:《从气象角度看雄安新区》,《北京日报》2017年4月26日。

淀带来了巨大的经济效益、社会效益和生态效益。白洋淀的水位明显回升。2017 年 4 月，白洋淀实时面积为262.61 平方千米；2018 年 12 月，白洋淀实时面积达到309.789 平方千米。2018 年全年白洋淀淀区国考断面水质综合评价改善明显，由 2017 年的劣 V 类改善至 V 类，2020 年白洋淀入淀河口水质力争达到 IV 类标准，湖心区水质稳定达到 III-IV 类标准。随着淀区面积逐步恢复，生物多样性退化得到有效控制，绝迹多年的芡实、白花菜等多种沉水植物和浮叶植物已重现白洋淀，流域水生态环境保护标准体系与生态环境质量管理体系逐步形成，白洋淀湿地生态环境得到了明显改善。

白洋淀周边有四县一市，四县分别是安新县、容城县、雄县、高阳县，一市是任丘市。白洋淀 85% 的水域在安新县境内。因而白洋淀的旅游景区也主要在安新县境内。

白洋淀的形成过程

白洋淀位于新生代（距今 6500 万年）以来由差异性断陷下沉所形成的冀中凹陷之中，东邻沧县隆起，西抵太行山隆起。新第三纪（距今 2330 万年至距今 164 万年）以前，这种凹陷的古谷盆地地貌控制着当时白洋淀的轮廓与沉积特征。至新第三纪晚期，凹陷盆地渐趋填平。进入第四纪（下限年代距今 258 万年）之后，已形成波状起伏的平原地貌。由于太行山山前冲积—洪积扇群的形成，致使扇与扇之间的低洼地区沥水停积,遂潴而为淀。整个第四纪期间,气候的冷暖波动、海陆的进退交织,使得古白洋淀的水域面积时而扩张, 时而收缩。大约从一万年前开始的全新世,虽然只是一个短暂的地质时期,但白洋淀同样经历了一个兴起、扩张与收缩的演变过程。①

中晚全新世(距今 6000 年前后)期间,河北平原东部发生海浸,海平面上升,河流排水不畅;同时气候潮湿多雨,河水增多,从而使白洋淀水域扩张到最大范围——北起永清、霸州、雄县、容城,西至保定、清苑、望都、定州,南至安国、博野、肃宁、河间,东面与古文安洼水域相连。此时的白洋淀,就开始有人类在周围定居。

晚全新世(距今 2500 年)气候转向干旱,雨量变少,白洋淀水域范围收缩,局部干涸,水域连片的古白洋淀逐步解体。有些学者认为,古白洋淀的退缩解体还与古黄河在商(殷)、周时期曾长期流经白洋淀区域,由接近潴龙河、大清河一线至天津入海有关系。古白洋淀退缩解体的晚全新世,正值历史上的春秋战国时期,白洋淀附近即有了虢邑。《左传》载,昭公七年(公元前 535 年)春正月"齐侯次于虢"。这里讲到的"虢",据《读史方舆纪要》的注解"在河北任丘县西十七里"。战国时期这里又有鄚邑、狸邑。公元前约 334—前 311 年,燕国为了防御秦、赵、齐的入侵,修筑了南长城。这条长城始于今天的河北省易县

---

① 王会昌:《一万年来白洋淀的扩张与收缩》,《地理研究》1983 年第 3 期。

西南，向东经定兴、徐水、安新、任丘而终于文安东南，全长250余千米。[1]今白洋淀北部的新安北堤旧称"长城堤"，相传是燕南长城遗址。当时修筑易水长城尽管是出于军事防御的需要，但它对古白洋淀形成所产生的重要影响也是不能低估的，奠定了白洋淀自古至今的北界。

西汉时期(公元前206年—公元25年)，在退缩的白洋淀边置县，设有鄚(今河北省雄县鄚州镇)、阿陵(今河北省任丘市陵城)、高蠡(今河北省高阳县、蠡县)等。东汉末年，曹操为了统一北方，出于军需运输的需要，开凿了白沟水渠、平虏渠、利漕渠、白马渠、鲁口渠，促进了现今海河水系的形成。[2]因此，东汉以后白洋淀的变化，受自然条件和人为因素的影响比较明显。

今日白洋淀格局的形成，要追溯到北宋时期。当时宋辽对峙，两国以白沟河沿线(相当于今天的大清河及海河一线)为边界。为了抵御辽兵的进攻，北宋朝廷采纳沧州节度副使何承矩(946—1006)的建议，构筑"塘泊防线"。宋太宗淳化四年(993)三月，征调河北诸州18000人在边界开塘泊蓄水。沿雄州、莫州、霸州及平戎军(治所在今河北省文安县西北)、破虏军(治所在今河北省霸州市信安镇)、顺安军(治所在今河北省安新县安州镇)一带修筑堤埝300多千米，开泊合淀，"自霸州引滹沱水灌

---

① 彭艳芬、窦文良、李京龙：《燕南赵北与白洋淀》，《保定学院学报》2010年第6期。

② 王会昌：《一万年来白洋淀的扩张与收缩》，《地理研究》1983年第3期。

之",水"深不可行舟,浅不可涉渡",既灌溉屯田水稻以充军需,又限制辽国骑兵以拒敌。宋真宗咸平至景德年间(998—1007),在宋辽边界进一步开修塘泺,汇聚缘边诸水,形成一条东起沧州、西至保定的"塘泊防线"。《宋史·河渠志·塘泺》记载:"东起雄州,西至顺安军,合大莲花淀、洛阳淀、牛横淀、康池淀、畴淀、白羊淀为一水……东起顺安军,西至保州,合齐女淀、劳淀为一水……曰西塘泊。"从上述记载中,我们知道了白洋淀原名为白羊淀,《宋史·河渠志·塘泺》是我们发现最早记录白洋淀名称的史籍。北宋"塘泊防线"的修筑,为今天白洋淀基本格局的形成及自然生态环境奠定了基础。

白洋淀最早见于文字记载,是在西晋辞赋家左思(约250—305)所写的《魏都赋》中。赋中写道:"至于山川之倬诡,物产之魁殊,或名奇而见称,或实异而可书……其中则有鸳鸯交谷,虎涧龙山。掘鲤之淀,盖节之渊。"唐代文人李善注称"掘鲤之淀"在"河间莫县之西",其位置与今天白洋淀的位置完全相符。由此我们可以知道,白洋淀在晋代曾有过"掘鲤淀"的名字。

北魏时期的地理学家郦道元(约470—527)在《水经注·易水》中记载:"易水又东,垩水注之,水上承二陂于容城县东南,谓之大垩淀、小垩淀。其水南流注易水,谓之垩洞口。水侧有浑垩城,易水经其南,东合滱水。"这里所谓的"大垩淀、小垩淀"就是今天的"大王淀""小王淀","垩洞口"即今河北省安新县同口镇,"浑垩城"就是现在的安新县城。

北宋"塘泊防线"筑成后，开始出现"白羊淀"的称呼。当时的白洋淀水域，西至清苑(今河北省保定市清苑区)，东南到任丘、文安、徐水。这么大面积的水域，每逢大风卷起层层波浪时，宛如一群白羊前拥后挤地奔跑，这才有了"白羊淀"的称呼。但是，"白羊淀"这个称呼最初仅是指今安新县端村、淀头以南、圈头以西的水域，因其面积最大，后来以其名指代雄州以西的诸淀泊，也被称作"西淀"。《宋史·河渠志》记载了当时主管缘边塘泊的太监杨怀敏于庆历五年(1045)给宋仁宗的密奏："知顺安军刘宗言闭五门、幞头港、下赤、大涡、柳林口，漳河水不使入塘，臣已复通之，令注白羊淀矣。"可见，当时"白羊淀"已成为雄州以西诸淀的总称了。

白洋淀的动植物资源

白洋淀的动植物资源非常丰富，主要包括水生植物资源和水生动物资源。白洋淀共有水生植物 39 种，隶属于 21 科 32 属，其中挺水植物 16 种、沉水植物 14 种、浮叶根生植物 6 种、漂浮植物 3 种。挺水植物主要有芦苇、水蓼、莲、睡莲、慈姑、菖蒲等物种；沉水植物主要有金鱼藻、眼子菜、苦草、茨藻等物种；浮叶根生植物主要有菱、芡实、水鳖、荇菜、萍蓬草等物种；三种漂浮植物是稀脉浮萍、紫背浮萍和槐叶萍。

芦苇是白洋淀的一大特产,品种多达十余种。芦苇具有横走的根状茎,在自然生境中,以根状茎繁殖为主。根状茎纵横交错形成网状,甚至在水面上形成较厚的根状茎层,人、畜可以在上面行走。根状茎具有很强的生命力,能较长时间地埋在地下。一米甚至一米以上的根状茎,一旦条件适宜,仍可发育成新枝,也能以种子繁殖,种子可随风传播。芦苇对水分的适应幅度很宽,从土壤湿润到常年积水,从水深几厘米至一米以上,都能形成芦苇群落。在水深 20~50 厘米、流速缓慢的河、湖,可形成高大的禾草群落,素有"禾草森林"之称。据统计,1960—1962 年,安新县苇田面积 12.7 万亩,总产量达 4500 万千克。[1]

白洋淀的水生动物资源也很丰富,包括底栖动物、鱼类和鸟类,其中底栖动物 35 种、鱼类 17 科 54 种、鸟类 19 科 26 种。有如此丰富的水生动物资源,白洋淀也就成为著名的淡水鱼场,盛产鲢鱼、鲤鱼、青鱼、虾、贝、河蟹等 40 多种水产品。1959 年,淀水产鱼 885 万千克,自然捕捞量亩产 19 千克,居全国大型湖泊亩产量之首。再加之水生植物遍布,野鸭大雁栖息,这里的人们既可以捕捞鱼虾、采挖莲藕,也可猎取各类水禽,一年四季,一片繁忙。白洋淀故被称为"日进斗金、四季皆秋"的聚宝盆。曾有天津居民回忆说:

---

① 孙文举:《安新县苇席生产史略》,《河北学刊》1984 年第 3 期。

过去天津人吃河鲜都打两个地方来，一个是潮白河，一个是白洋淀。因为这两个地方的水好，所以白鲦啊、河虾啊、黄瓜鱼啊，口儿都比较甜。①

白洋淀的水文特点与该地区的气候特点有密切关系。白洋淀属温带大陆性气候，四季分明，周年温差较大。据 1959—1979 年的气象资料分析，极端最高气温为40.7℃，极端最低气温为-26℃，最大温差 63.3℃。7 月为气温最高月份，一般平均在 26℃~27℃左右；1 月为气温最低月份，一般平均在-4℃~-7℃。月平均积温，最冷月 1月为-144.6℃，最热月 7 月为 824.3℃，年平均积温为459.2℃，其中 6、7、8、9 四个月的积温为 2972.4℃，占全年积温的 67%，②是水生生物生长繁殖的主要季节。

白洋淀 6—9 月积温占全年积温的 67%，同期降水量占全年的 84.3%。这种良好的水热条件，对生物生长极为有利。6—9 月，淀区随着大量来水，丰富的营养盐类物种和有机物进入，促进浮游生物的繁殖，为鱼类提供了丰富的饵料。淀内水域辽阔，水温高，有利于主要经济鱼类——鲤科鱼类的生长繁殖。

然而，自 20 世纪 50 年代以来，白洋淀的水生动植物

① 张建：《口述津沽：民间语境下的西沽》，天津古籍出版社 2017 年版，第206 页。

② 童文辉：《白洋淀渔业自然条件分析》，《华北农学报》1984 年第 1 期。

资源呈现出萎缩的状态,水产品产量不断下降。20 世纪 50 年代, 鱼虾平均年产量为 612.5 万千克,60 年代为 313.5 万千克,70 年代为 111 万千克,70 年代比 50 年代下降了 82%。[1]白洋淀水环境的变化,水位不稳,甚至干淀,都会影响水生动植物的种类、产量和质量。尤其是白洋淀由以自然生态系统为主转向以人工生态系统为主,更影响了白洋淀的水产品产量。白洋淀淀内有 39 个纯水村,周边有 89 个半水村,总人口 20 多万,主要从事水上种植、养殖等经济生产。有数据表明,目前淀内人工水产养殖面积已超过 4 万平方千米, 大大超过了白洋淀的承载量,亟待实现水上产业的转型升级。

白洋淀与津保内河航运

近代,津保内河航运的兴起既以大清河水系的发达为基础,又与天津开埠以来津保之间日益密切的政治经济联系不可分离。清咸丰十年(1860),中英、中法《北京条约》签订,天津被迫开放为商埠。天津开埠,首先是对天津城市经济的发展产生了巨大影响,张慧芝将其概括为三个方面:一是近代中国军事工业中心,二是近代中国北方的民用工业中心,三是近代中国"三北"地区的贸易中心。[2]天津在华北区域内城市地位的上升,为津保内

---

[1] 彭秀良、魏占杰:《幽燕六百年:京津冀城市群的前世今生》,北京大学出版社 2017 年版,第 312 页。

[2] 张慧芝:《天子脚下与殖民阴影:清代直隶地区的城市》,上海三联书店 2013 年版,第 189—190 页。

河航运的兴起与发展创造了良好的条件：

第一，直隶双省会制和直隶总督轮驻制的推行，为津保内河航运的兴起奠定了政治基础。天津开埠后，清政府设立了三口通商大臣，负责办理天津、牛庄（今辽宁省营口市）、登州（今山东省烟台市）三个口岸的通商事务。清同治九年十月（1870 年 11 月），清政府决定裁撤三口通商大臣，"所有洋务海防事宜"归属直隶总督，同时谕令"将通商大臣衙署改为直隶行馆，每年海口春融开冻后，移驻天津，至冬令封河，再回省城，如天津遇有要件，亦不必拘定封河回省之制"①。至此，清政府明确制定了直隶总督在保定、天津轮驻的制度，直隶双省会制是全国首例，也是唯一的特例。②直隶总督经常乘船从保定至天津处理各种事务，后来在天津设直隶总督行馆，形成了直隶总督夏秋两季驻天津行馆，冬春两季回省城保定的定例。直隶总督的季节性迁移，使得天津到保定的内河航线逐渐兴盛起来。"畿辅地区及于京城的特殊战略地位，以及津保间大量日常事务的处理，使直隶总督、国之重臣、扈从员弁、交通使节、邮驿信函，以及各类物资等的转输，很大程度上依赖这条当时北方最重要的内河航线。"③

---

① 《清穆宗毅皇帝实录》卷二九三，中华书局 1985 年版，第 1052 页。

② 彭秀良、魏占杰：《幽燕六百年：京津冀城市群的前世今生》，北京大学出版社 2017 年版，第 126 页。

③ 彭艳芬：《白洋淀区域航运功能的历史考察》，《保定学院学报》2012 年第2 期。

第二,天津发展成为"三北"地区的贸易中心,必定要在沿海和内地间沟通有无,水上运输是最经济的形式。棉花作为白洋淀区域的主要物产,从当地的集运点博野县北杨村运往天津有两条线路可供选择:一条是陆路运输,即从定县(今河北省定州市)清风店装车走京汉铁路;一条是走水路。水上运输也有两条路线:一是从北杨村运到40千米外的清苑五毛营码头,一是从北杨村运到75千米外的安新县同口码头,分别装船直发天津。1926年,一个棉花商人将2000包棉花发往天津,包括40.3千米大车运输和230.4千米民船运输,每担运费仅有1.2元,每担棉花获利高达2.1元,大致相当于当时河北各地输津棉花平均获利的2倍。[①]可见水上运输运费的低廉,这也是水运事业发达的最主要原因。

津保内河航运的兴盛期大约可分为两个阶段:第一个阶段是20世纪的前30年,第二个阶段是20世纪五六十年代。在第一个阶段,津保内河航运以货物运输为主,也兼营部分客运业务,除冬季结冰期以外,西河(大清河又称为上西河,与子牙河统称为西河)均可航运大中型木帆船。1905年,通过西河进出天津的民船多达35621艘,货物运输量高达84.17万吨;1925年,由西河进出天津的民船多达59065艘,货物运输量达100.65万吨,居河北省各河系运输量之首。[②]津保内河客运起始于1907年,是

---

① 王树才主编:《河北省航运史》,人民交通出版社1988年版,第114页。
② 同上,第101页。

年安州商人刘济堂创设了"津保轮船公司"，但仅运营了几年便倒闭了，而且航线一直未能延伸到保定。1913年，官办的"直隶全省内河行轮局"创办，1914年正式开业。而行轮局正式通航的第一条航线，即津保内河航线于1914年6月3日试航，6月15日正式开始旅客轮船运输，1915年才延伸到保定。除每年冬季停航以外，每年的航行期在9个月以上，按客票实际收入推算，年客运量在5~7万人次。①

在第二个阶段，津保内河航运的货物运输量和旅客运输量都有了大幅度增长。1951年12月，"河北省交通厅内河航政办事处"成立，并在大清河设立了天津、新镇、保定等3座航运站，由此拉开了新中国津保内河航运的辉煌大幕。20世纪五六十年代，津保内河航运的兴盛表现在：(1)在船舶动力方面，从原先的木帆船运输逐渐转向机器动力轮船运输，"一五"时期仍然普遍使用蒸汽机轮船，到1965年基本上实现了柴油机化，大大提高了运输能力。(2)在货物运输方面，由于对河道、闸坝等进行了多次整修，并对运价标准和计算方法进行了调整，津保内河航运的货物运输量有了大幅度增长。但是具体数据很缺乏，我们只能从一个侧面来做简单的验证。以保定刘守庙码头的吞吐量作为观察视角，1949年以前，刘守庙码头的日装卸能力为200~300吨，1953年

---

① 王树才主编：《河北省航运史》，人民交通出版社1988年版，第135页。

的吞吐量达到 30 000 吨,1956 年增至 220 000 吨。①(3)在旅客运输方面,1949 年春大清河航运开始恢复,1950年 4 月将原有天津至新镇的航线延长到新安。20 世纪 50年代中期,从新安镇至保定的浅水轮试航成功。从 1953年到 1960 年,津保内河航运的旅客运输量由 162 099 人次/年增加到 224 300 人次/年,②增幅还是比较大的。

20 世纪 60 年代中期以后,随着保定西部大型工厂的兴建与发展,大清河上游的水源被大规模地开发利用。大清河上中游水库的大量兴建,在一定程度上改变了自然河道固有的水文特征。这也是导致河水减少、航运中断的一个潜在原因。到 20 世纪 80 年代初,津保内河航运彻底退出了历史舞台。

白洋淀水上运输业的兴衰,是与津保内河航运的兴衰基本同步的。20 世纪 50 年代,著名经济地理学家孙敬之这样描述津保内河航运:"过去小汽轮只能从天津通至白洋淀的新安镇,不久前从新安镇至保定试航浅水轮亦已获得成功。沿线所需的食盐与肥料主要由天津上运,煤炭和日用百货则分别从天津、保定二地运去;在沿线装运的粮食、芦苇、水产等也多集中天津和保定。"③

兴盛时期的津保内河航线可分为三段,即府河段、白洋淀段和大清河段。府河段从保定刘守庙码头通到安新

①② 苗卫芳:《大清河水系与津保内河航运研究》,河北大学 2011 年硕士学位论文。
③ 孙敬之等编著:《华北经济地理》,科学出版社 1957 年版,第 74 页。

县安州镇,全长33千米,多连续曲弯,河槽一般宽15米,常水期水深1~1.5米;白洋淀段从安州到枣林庄有29千米,能行驶最大100吨的木船。[①]枣林庄往下,就进入大清河段了。从这些数字可以看出,白洋淀区域在整条航线上占据着重要地位。白洋淀水上运输业的兴盛主要表现在以下几个方面:

第一,白洋淀区域的船舶保有量较高,运输量较大。白洋淀淀内39个村几乎家家都有船,淀内周边能行驶20~30吨的木船;1959年,白洋淀专门从事运输业的木船有117艘、拖轮2艘,从业人员有290人,每年与保定、天津之间的物资往来有15万吨左右。[②]

第二,白洋淀区域码头众多,吞吐量较大。主要货运码头有:(1)雄县码头。码头长264米,河宽42米,水深1.5米,可以并靠3只船。码头岸坡紧靠道路与民房,距离仓库有百米远,需要用大车转运,月吞吐量最高为2500吨。(2)端村码头。船舶沿岸停靠,靠堤坡搭跳装卸,月吞吐量近千吨。(3)新安码头。河宽21米,有两个货场,主要外运粮、苇。码头岸边紧靠民房,作业很不方便,月吞吐量有上千吨。(4)七间房码头。码头长157米,进出口物资主要是民用杂货,月吞吐量百吨左右。[③]至于客运码头,不下十几处。

①② 王树才主编:《河北省航运史》,人民交通出版社1988年版,第308页。
③ 苗卫芳:《大清河水系与津保内河航运研究》,河北大学2011年硕士学位论文。

第三,白洋淀区域河道众多,可以连通更广的区域。从新安码头沿潴龙河西南行,可到安国县伍仁桥等地;从赵北口沿小北河北行,往雄县进入白沟河和琉璃河,可到达北京房山等地。

历史上,白洋淀的水上运输业在推动区域经济社会发展、城镇建设和文化传播方面起到了非常重要的作用,这种作用又是与津保内河航运的兴起与发展紧紧联系在一起的。20世纪80年代初,津保内河航运的停止,以及白洋淀"干淀"现象的发生,都对白洋淀的水上运输业造成了毁灭性的打击。但是,随着白洋淀水面的恢复和雄安新区的设立,白洋淀的水上运输业应该会有一个缓慢的恢复过程。

二、平底船:使用至今的浅水船型

白洋淀属于浅水型湖泊群,行驶于其中的船舶当然也是吃水较浅的平底船。白洋淀的渔船都是木质船,双桨,人力操作,吃水浅,转向灵活,便于作业。[①]白洋淀的船型是如何产生的,现在还不太清楚,估计是从南方引进的,但进行了适当的改造。

从天津静海出土的宋代内河船说起

舟船的出现与人类最早的水运活动有关,它经历了漫长的演进过程,主要经历了木排、独木舟、木板船这样一个由小到大、由简到繁、由低级到高级的发展阶段。

由木板榫接钉合而成的木板船是我国古船的主流,它的出现时间应当不晚于青铜时代。考古发现,我国古船整体修长窄狭,齐头、齐尾、平底、直壁,船底板、舷板弧形衔接,采用榫钉接合,以油灰捻缝,船舷顶部应有纵向

---

① 安新县地方志编纂委员会编:《安新县志》,新华出版社2000年版,第357页。

顶材。木板结构的河运船只在唐代已发展成熟,且是内河运输船的主流,虽船只大小有异,但总体结构变化不大。即使到了宋元,以至明清,主要的河运船只也大多是齐头、齐尾、平底。[1]白洋淀地区的运输船舶也属于这种类型的船只,这从考古发掘的成果中可以看出来。

1978 年 6 月,天津市文物管理处在天津市静海县(今天津市静海区)东滩头乡元蒙口村清理了一只宋代木船。这只木船齐头、齐尾、平底,体长 14.62 米。船口首尾稍向上翘,两舷外凸呈弧形。底板从船首直贯船尾,船尾封以横向的木板。船口首尾的宽度分别为 2.56 米和 3.35

▲ 天津静海宋船发掘现场（引自天津市文物管理处:《天津静海元蒙口宋船的发掘》,《文物》1983 年第 7 期）

_____

[1] 孟原召:《中国境内古代沉船的考古发现》,《中国文化遗产》2013 年第 4 期。

米；最大宽度在船口的中部，为 4.05 米。首尾两部皆底宽口窄，上下相距最大值分别为 0.21 米和 0.15 米，横断面近梯形，但中部船口比船底稍宽。船的中部深 1.23 米，船尾最深，为 1.71 米。船尾有舵，长 3.9 米。船构造较简单，使用铁钉和榫卯相结合的建造方法。船体主要由 12 组横梁支撑，无隔舱，也没有发现有关桅杆的遗迹。①

　　船内的遗物虽然不多，却为沉船的断代提供了直接的依据。船内出土 "政和通宝" 钱，可将北宋政和初年 (1111) 视为沉船年代的上限。所出白瓷碗是当时船上人所用的生活器皿，经鉴定亦为宋代瓷器，这也是断代的依据。因此，静海木船是一只宋船。从地层关系来看，从第四层至船口上的第六层均为浅黄色、黄色的淤积、冲积土层，总厚度约为 1.5 米，土质十分纯净。我们知道，这一地区除黄河外，其他河流是没有如此之大的搬运泥沙能力的。《宋史·志·五行一上》载："政和五年六月，江宁府、太平、宣州水灾。八月，苏、湖、常、秀诸郡水灾。七年，瀛、沧州河决，沧州城不没者三版，民死者百余万。"瀛州即今河北省河间市，沧州即今河北省沧州市。静海距沧州不远，因此这里淤积的黄土极有可能为此次黄河泛滥所造成。那么，沉船的下限就应在政和七年 (1117)。由此推断船的建造年代应在政和七年之前。这种判断也是和船内遗物的年代相一致的。

---

① 天津市文物管理处：《天津静海元蒙口宋船的发掘》，《文物》1983 年第 7 期。

出土木船齐头齐尾,平底翘首,船内通舱,与历来出土的古船有很大不同。这可能体现了它的地方特点。平底翘首,显然适于在内河浅水航行。船底绝大部分的宽度大于船口,既有利于航行的平稳,又扩大了船内容积。木船出自俗称"运粮河"的古河道,而船内又是通舱,估计为内河货运船。①如果此船的最高吃水线在第一级舷板以下,那么其排水量约为38立方米,据此推算,它的净载重量不会少于28吨。②

横梁是支撑船体的主要部件,共12组,每组相距0.66~0.93米。每组横梁由空梁(因其上无甲板)、底梁各一根及立柱四五根组成。空梁和底梁平行,相距0.54~0.87米。底梁比同组的空梁长0.02~0.46米,越靠近船的两端,同组空梁、底梁的长度相差越大。空梁、底梁的两端与船舷相榫接,空梁顶端还透过舷板钉入3只铁钉。在第一、第二组横梁间多出一底梁,这可能是为了加固船前部底板而增设的。空梁长3.22~3.81米,宽0.1~0.17米,厚0.13~0.2米;第一组的最短,第六组的最长。底梁长3.64~3.84米,宽0.09~0.15米,厚0.08~0.11米;第十二组的最短,第三组的最长。其与船底板接触的一面有三四个宽0.02米、高0.04米的长方形孔,当是便于船底存水的流通。立柱一般长0.8~0.96米。③

---

①③ 天津市文物管理处:《天津静海元蒙口宋船的发掘》,《文物》1983年第7期。

② 席龙飞:《中国古代造船史》,武汉大学出版社2015年版,第201页。

除横梁外，船肋也是支撑船体的构件。船肋分两种，我们分别称之为主肋和次肋。它们用铁钉钉在舷板、底板或横梁上。主肋为粗实的立木，附于舷的内侧，有长短两种。长的由船口直抵船底，每舷内侧近第五、第八组梁处各设一根，宽 0.07~0.08 米，厚 0.09~0.1 米。短的在每舷内侧第六、第七组梁之间各设两根，均在船口至舷的中部，长 0.57~0.84 米，宽 0.75 米，厚 0.07 米。这种短肋下部为楔状，与舷板吻接。次肋有大小之分，皆用直径 0.03~0.05 米的细树干或粗树枝弯成近直角状。大的连接着船舷和底，存 22 根，除第一组梁之前和第六、第七组梁之间未设外，其他组梁间和末组梁后各设一对。小的用以连接船舷和空梁、底梁，存 24 根。[1]席龙飞认为，天津静海宋船的结构简洁而合理，反映出宋代造船技术的普及。[2]

这次考古发掘的重要收获之一，是完整船舵的发现。这一船舵是一种平衡舵。由于舵扇的一部分置于舵轴的前方，缩短了舵上压力中心与舵轴的距离，减小了转舵力矩，使用起来就更为轻便。过去只在绘画中见过类似的古代平衡舵，从未见过实物。这次船舵实物的出土，使古代造船技术的有关记录得到了印证。天津市的考古工作者成功复原一只宋船模型，并在发掘报告中发表了模型的照片。

---

①天津市文物管理处：《天津静海元蒙口宋船的发掘》，《文物》1983 年第 7 期。
②席龙飞：《中国古代造船史》，武汉大学出版社 2015 年版，第 201 页。

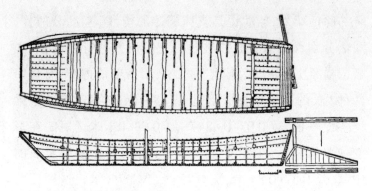

▲ 木船俯视图(上)、纵剖面图(下)
(引自天津市文物管理处:《天津静海元蒙口宋船的发掘》,《文物》1983 年第 7 期)

　　根据发掘报告,船舷多用楸木、楠木或槐木,横梁为槐木。船材主要是就地取材,选料粗糙,制作不精,有的多利用树木的自然丫杈, 左右舷长并不对称, 应是民间所造。从天津静海到白洋淀,直线距离在 140 千米左右,从天津静海出土的宋代内河船似可窥见白洋淀木船的某些端倪。

　　另外, 在河北省范围内还陆续出土了一些其他朝代的木船。1976 年,河北省磁县磁州镇南开河村漕运故道漳河、滏阳河汇流处集中清理出 6 只木船,分舱,其中两只全长在 16 米以上。四号木船船尾有 "彰德分省粮船"铭文,可知其为漕运粮船。船内出土瓷器多达 383 件,大多是磁州窑产品, 也有少量景德镇窑卵白釉和龙泉窑青釉瓷器。①磁县距离白洋淀偏远一些,这些漕运粮船可能与

────────────

① 孟原召:《中国境内古代沉船的考古发现》,《中国文化遗产》2013 年第 4 期。

白洋淀马家寨的造船业关系不大。

1988 年，在北京城东南的方庄也发现了一只元代沉船，船全长 14.6 米，平底，方形艉舻，船板榫接，应为内河漕运船。[①]方庄位于北京市丰台区，即将建成的京雄高铁从附近经过，不知这只元代沉船与马家寨的造船业有无关系。

还有一个待解决的问题——为什么航行在江河湖泊上的船舶是平底的，而航行在海洋上的船舶是尖底的？航行在江河湖泊上的船舶通常是宽阔平坦的平底船，因为这样的构造能保持船舶吃水深度小，便于过浅滩，靠近沙洲停泊。同时，一艘平底船和尖底船在横倾角相同时，平底船浮力作用点向倾斜方向移动的位移要比尖底船大，复原力矩也大。在此种情况下，平底船没有必要把重心配置得很低，且江河上的风浪一般比海上小，用不着担心船被风浪掀翻。

白洋淀船舶的类型

白洋淀的船舶有自己的特点，既不同于"海船""漕船"、江汉"课船"（官府运载税银的船）、"运粮船"，又有别于福建的"梢篷船"、四川的"八橹船"、黄河的"满篷梢"和广东的"黑楼船"。从承载量和用途上划分，白洋淀的船舶主要分为 "艚""艘""舿""舱""排""瞾""舫"

---

① 孟原召：《中国境内古代沉船的考古发现》，《中国文化遗产》2013 年第 4 期。

"渡""拖"等9种类型。虽然白洋淀的船舶分为这么多类型,实际上都属于平底船,都是浅水船型。下面进行分类介绍。

第一类是大型船只,包括艚、艘、胯等3种。艚,也叫"对艚",因船体由两只一头平齐的船对接而成得名。它的体形大,载重量大,一般用红松、白松或杉木(俗称沙木)等材料制作,需要用木材30~35立方米。各舱间严格密封,以确保安全。航行中遇有河窄弯急处,可分开行驶,适于长途运输,河道、淀区均可行驶。整修时摘开,上岸方便。每只对艚使用8~10名船工。对艚按载重量多少又可分大、中、小3种:[①]

大型对艚:长45米,宽4米,深1.2米,载重量100吨。

中型对艚:长30米,宽3米,深0.8米,载重量75吨。

小型对艚:长20米,宽2.5米,深0.65米,载重量45吨。

艘,也称分艘,船身为一整体,长8~10米,宽3米,深0.5米,载重20~25吨。备用工具齐全,可借助风力行驶,航速较快,灵活性较对艚为优。需用船工5~7名,制造木材跟对艚相同,每只需用料30立方米。[②]

胯,也叫胯子,是分艘的一种,有大小之分。胯以客运为主,船上建有木棚,内分上下铺,并以隔扇相间,不怕风吹雨淋,俨如客厅或卧室。船长7~9米,宽3米,深0.5米。[③]

---

① ② 安新县地方志办公室编纂:《白洋淀志》,中国书店出版社1996年版,第185页。

③ 安新县地方志办公室编纂:《白洋淀志》,中国书店出版社1996年版,第185—186页。

艗、艘、舿的行驶方法有顺水和逆水之分，顺水顺风或逆水顺风可用风帆借风力行驶。如果遇到逆水或逆风行驶，则有 4 种方法：(1)撑船。船工站在两侧船廒上(即甲板两侧)用杉篙撑行。(2)拉纤。数人在河岸上共拉一条系在船桅上的纤绳，沿河道同步蹒跚前进。(3)摇橹。分艘的橹装在船尾，称"摧梢橹"。对艗的橹分左右两个，位于船身中间偏前。每边两人相对而立，同时推拉一根橹柄。(4)大对艗满载搁浅时(多指靠近码头)可用绞盘拉(淀区称绞盘为"管")。航行中遇有河道变窄且弯急处，可分开行驶，适于长途运输。

第二类是舱类船只，属于中型船只，分为三舱、四舱、五舱、六舱等 4 种，每只船用船工一两人。(1)三舱：又有大三舱和小三舱之分，载物、乘人、生产均可。长 4~4.5米，宽 1.5 米，深 0.3 米，载重 0.5~0.7 吨。(2)四舱：分为大、小两种。长 6~7 米，宽 1.8 米，深 0.4 米，载重 0.5~1吨。四舱多用于捕鱼(如钩、卡、花罩、罾子等捕鱼方式)。用料 0.7~1.5 立方米。四舱可开口(在舱下部开成长 30 厘米、宽 6 厘米的长孔并安上铁条)，使舱内外相通，叫"活鱼舱"，可长途运输活鱼，俗称"活鱼驳子"。用料 1.5~5 立方米。(3)五舱：亦有大小之分，长 7~10 米，宽 2.5 米，深0.45~0.5 米，载重 0.5~1 吨。多用于运输，也可用于捕鱼。(4)六舱：长 6~7 米，宽 1.9 米，深 0.35 米。用途最广。因其船廒特宽，故捕鱼、挟泥、打苇、装垡子、沤靛等都很方便。船中自带锅灶，可远途打苇运输。驾驶时用篙(竹篙)撑或棹摇均可。用料1立方米。①

第三类是叫作"排"的小型船只，每只船用船工1人。根据用途，排可分为鸭排、鹰排、枪排等3种。(1)鸭排：放鸭专用船，长3.8米，宽1.15米，深0.25米。没有船厩。船宽而浅，便于爬浅水（因鸭群在浅水放牧，便于鸭子采食）。棹柄短，摇船时并不交叉，有利于转弯驱赶鸭群。用料0.3立方米。②(2)鹰排：放鹰捕鱼专用船。长4.45米，宽1.1米，深0.3米，用料0.4~0.8立方米。船型窄长，梭形，吃水浅，行驶速度快，转弯灵活，便于以最快速度靠近鱼鹰，并用"鱼抄子"将鱼鹰叼着的鱼捞上船。有经验的渔人善于驾驭鹰排，不怕大风大浪，淀区有"鹰排子浪里钻"的巧誉。鹰排船底窄小，船首尾尖，遇到风浪能在浪尖上行驶。另外还有一种"大鹰排"在伏天打河田（捕鱼），淡季时"拉夏"（拉夏就是大鹰排领着一班小鹰排远涉淀水，到处寻找鱼群聚集的水域放鹰捕鱼）。驾驭大鹰排的人必须熟悉水域环境和各种鱼类的生活习性。③(3)枪排：水上猎禽专用船，长约3.5米，宽1.5米，深0.25米，用料0.4立方米。船浅而长，船上安两支猎枪（淀区叫大台杠，也就是雁翎队使用的武器之一），一高一低，低的先响，将鸟惊起（空枪）；高的再响（实枪），将受惊起飞的鸟击落。船头系苇箔，以防船头被水冲击发出

---

①②③ 安新县地方志办公室编纂：《白洋淀志》，中国书店出版社1996年版，第186页。

声响而惊走猎物。①枪排前宽后窄，前高后低，在水里打野鸭开枪后坐力大，船往后走有阻力。

第四类是罾船。"罾"就是渔网的意思。罾船，顾名思义，就是搬罾治鱼的专用船只。罾船的船体较四舱、六舱都要宽。因为"罾"的体积很大，从水中提起时会对船体产生很大的压力，船的宽度增加，相对浮力也增加，可以保持船的稳定。

第五类是渡船，也就是摆渡专用船。船长 15~20 米，宽 3.4~4 米，深 0.8~1 米。②

第六类是拖轮，系拖带客、货运输船的动力船只。拖轮以内燃机为动力代替人力，可拖拉数只对艚行驶，速度快、运量大。

在白洋淀，还有一种特殊用途的船，名叫"拖床船"，也称冰、水两用船。"拖床船"的船体较宽，底部装有两个冰刀，既可在水中浮游，又可在冰上滑行，多用于河面或湖面封冻季节，适合救生用，现已少见。

与"拖床船"相近的是冰床，这是白洋淀特有的冰上运输及生产工具，体积小，挪移方便，行驶速度快，转弯灵活，坚固耐用。床体底部须开通较长的窄槽安装冰刀，尤其重载转弯时，冰床左右摆动频繁，冰面对冰刀的侧压力很大，要求冰刀安装必须牢固。因而床体须用木质坚硬的槐木、

①②安新县地方志办公室编纂：《白洋淀志》，中国书店出版社 1996 年版，第 187 页。

榆木制造。冰床床体长2.7米,宽0.4米,高0.25~0.3米。①形似木梯,操作者两脚分开立于冰床后端,双手持篙丫子(木柄长约两米,直径4厘米,上端安有12厘米长的小横把,下端安装钢制的带钩枪头),从两腿中间由前而后向下用力,使枪尖顶住冰面,靠冰的反作用力推动冰床向前行驶。冰床用于客运时须在上面铺上茅苇或高粱秆等物,以及用细绳打成的窄箔(俗称排子)供人乘坐,或放货物。若装浮载(上载),则须事先搭好架子。比如装芦苇时,先在冰床前后各横搭一根两头上翘的木杠,其两端各搭一竖杠,并用绳子捆牢,或直接插入横杠两端预先开好的通孔,苇子横放在杠上,苇子的根朝前,一层层地排装。但其中必须有两把苇子的苇尖是朝前装的,就像人力车伸出去的车辕一样,行驶过程中转弯全靠这两根"车辕"来完成。冰床的前端左右各安装一个铁环,并以绳索相连,中间和一根带套绳索的一端连接,行驶中把套子套在肩上,双手扶住"车辕"拉着冰床行走。现在,冰床基本上退出了生产领域,只是冬天供人们娱乐的工具罢了。著名作家袁静、孔厥在长篇小说《新儿女英雄传》里有两处提到过白洋淀的冰床:

　　冬天,白洋淀冻冰了。太阳照在冰上,四下里亮晶晶的,冰上反映着天空的蓝色。鬼子坐着老百姓的冰床,一长溜,一长溜,飞快地在冰上跑,到各村搜索。

---

① 安新县地方志办公室:《白洋淀志》,中国书店出版社1996年版,第188页。

…… ……

两只冰床上放着鱼篓子，和砸冰用的凌枪。高屯儿、牛大水都拿着五股鱼叉，站在两个冰床的头上。冰床的后梢，双喜、赵五更使篙丫子一撑，两只冰床溜了个快。

白洋淀的冰床并非近代才有，而是有着悠久的历史。宋人沈括在《梦溪笔谈》中就记载了当时信安（信安镇，今属河北省霸州市）沧景（"沧"是沧州，"景"是景县，均属河北省）之间，"冬月做小坐床，冰上拽之，谓之凌床"。并记录了当时很多官员都有自己专用的"凌床"，作为出行工具。宋人江休复《嘉祐杂志》、孔平仲《谈苑》都记录了凌床作为一种运输工具的使用："雄霸沿边塘泊，冬月载蒲苇，悉用凌床。官员亦乘之。"可知冰床作为一种交通工具，在宋代已经在中国北方广泛使用了。

◀对艚船模型

▲ 艘的模型

▲ 三舱模型

▲ 四舱模型

▲ 五舱模型

▲ 六舱模型

▲ 鸭排模型

▲ 鹰排模型

▲ 枪排模型

雄安"水木匠"——白洋淀边造船人

▲ 渡船

白洋淀木船的历史功用

木船在白洋淀淀区分布很广。在 20 世纪 90 年代，除中青、芦庄、沈家坯、西马庄、南冯等 5 个乡无船或有少量船只外，其余 16 个乡都有木船。其中，仅王家寨、圈头、大田庄等 3 个纯水区乡就有 7293 只，约占木船总数的 57%。①

白洋淀的鱼类种类繁多，渔业生产历史悠久，自 20 世纪 30 年代以来，白洋淀渔业已基本形成了从培育种苗、放养、管理、捕捞、运输、销售一条龙的生产模式，并远销国内外，成为地方经济的龙头产业之一。

请看下面这则报道：

4 月 24 日，任丘市李广村村民马法通在白洋淀中驾船载着鸬鹚去捕鱼。今年 53 岁的河北省任丘市李广村村民马法通，世代生活在"华北明珠"白洋淀畔，他是当地为数不多仍然靠养殖鸬鹚捕鱼的渔民。受捕鱼方式变革、自然环境变化、渔业资源减少等因素影响，养殖鸬鹚捕鱼的渔民越来越少，这种传统捕鱼技艺也濒临失传。马法通目前养着 14 只鸬鹚，坚持自己繁育、养殖、训练。他说，鸬鹚捕鱼是淀边人的

---

① 安新县地方志办公室编纂：《白洋淀志》，中国书店出版社 1996 年版，第 184 页。

记忆,他要将这个传统坚持下去。①

随着雄安新区的设立,李广村已从任丘市划归雄县了。上面文字中提到的鸬鹚就是大家俗称的鱼鹰。据历史记载,渔民养鱼鹰捕鱼已经有两千多年的历史。鸬鹚是鱼鹰的学名,有的地方叫它黑老鸹,羽毛总体黑色,头颈部呈紫绿光泽,嘴角和喉囊部呈黄绿色,眼睛下方呈白色,两肩背和翅羽呈铜褐色并具金属光泽,羽缘呈暗铜蓝色,尾圆形,头部有白色丝状羽毛,头后部有一不明显羽冠,虹膜翠绿如宝石。清代诗人吴嘉纪写过一首《捉鱼行》的诗,对鱼鹰捕鱼做了生动传神的描述:

> 菱草青青野水明,小船满载鸬鹚行。
> 鸬鹚敛翼欲下水,只待渔翁口里声。
> 船头一声鱼魄散,哑哑齐下波光乱。
> 中有雄者逢大鱼,吞却一半余一半。

鱼鹰捕鱼极具观赏性:放鹰人把满载鱼鹰的"鹰排"划入白洋淀的深处,然后用一根特制的木杆把鱼鹰从鹰架子上一只一只挑起来再放入水中,口中不断吆喝出咒语般的各种口令,脚下踩动"鹰排"特别安装的一个踏板,时而发出不同节奏感的声响,指挥鱼鹰随时下潜上

---

① 傅新春:《白洋淀畔的鸬鹚捕鱼人》,新华网 2016 年 4 月 25 日,转引自河北新闻网,http://handan.hebnews.cn/2016-04/25/content_5469226.htm。

浮调整位置，追逐鱼类，不时有鱼鹰把捕获的鱼儿送上来，仿佛是一种仪式感极强的传统文化活动表演。

不仅是鱼鹰捕鱼需要使用木船（鹰排），其他捕鱼方式基本上也离不开木船。比如使用鱼篓捕鱼，仍然要划着小船出去，然后再下鱼篓、收鱼篓。而物资的运输更需要船只，在公路运输和铁路运输不发达的时代，水路运输是最重要的运输方式，也是沿江、沿河地区人们出行的主要方式。及至20世纪50年代初期，白洋淀及其周边地区的货物运输和人员往来还依赖水运很多。[①]

其实，在漫长的历史时期中，行驶在白洋淀上的运输船只大多是木船，白洋淀区域的特产，如水产品、芦苇及苇席、生活日用品等都是使用木船运输的。1932年，大清河上有各类民船7636艘，其中10吨以下的小船有5063艘。[②]这些小船多是一家一户单独经营，它们与大船互相补充，使水运覆盖面遍及城乡。这些船可能大部分都是华北最大的造船村——马家寨的造船工匠打造的。

在白洋淀水乡，很多地方没有固定日期的集市，但每天都有早市和晚市。天刚蒙蒙亮，村边码头已排下了许多船只，水乡的早市已是人来人往，摊位上除了蔬菜、水果、熟食之外，更让人喜欢的便是鱼了。这里的鱼大多是渔民们刚刚从淀里捞上来的，有的干脆把鱼篓、虾篓等捕鱼工具也一同带来。鱼的种类很多，鲫鱼、鲤鱼、泥鳅、鲇鱼等

① 孙敬之等编著：《华北经济地理》，科学出版社1957年版，第74页。
② 王树才主编：《河北省航运史》，人民交通出版社1988年版，第171页。

样样俱全,且都活蹦乱跳。买卖的除了本村的人,也有三乡五里来的。不用讨价还价,人们只要走到看好的摊位前便可以很快地成交。早市交易以吃为主,而到了晚市则更加热闹,服装、鞋帽、化妆品等日常生活用品成了主导。光顾摊位的也不只是那些家庭主男主妇,而多了打扮入时的姑娘、媳妇和贪吃的孩子们。

白洋淀有的是苇田,耕地却很少,米、面、蔬菜自然要靠买,日常生活用品也需要有人来卖。这便有了水上货郎。他们从岸上的城镇把货趸来,然后摇着货船游移于水村的沟壕河道,或停靠村边码头,加上声声的吆喝叫卖,便引来了男男女女,寒暄问价,各取所需,买卖中充满了浓浓的乡情。白洋淀的 32 个水区村,过去人们出行也都靠船。因此几乎家家户户都有船。

在抗日战争的烽火硝烟中,白洋淀的木船还发挥了更加独特的作用。七七事变后,抗日战争全面爆发,雄安地区很快被日军占领。日军侵入白洋淀后,在白洋淀决堤 128 处,千里田园变成了一片汪洋。日军所到之处实行"三光"政策,血雨腥风染红了淀水。在中国共产党的领导下,1939 年春天白洋淀组成了水上游击队,"雁翎队"由此诞生。雁翎队最主要的战斗任务就是攻击通过白洋淀的敌人的运输船,有力地打击敌人的后勤运输线。

为什么这支队伍取名"雁翎队"呢?1940 年 3 月的一天,中共安新县县委书记侯卓夫同中共安新县三区区委书记徐健一起来看望三区区小队（由水上游击队扩建而成），并宣布了县委的决定：任命陈文汉为区小队队长，邓如意任副小队长，赵辛任政治指导员。侯卓夫了解到，区小队队员使用的大抬杆枪的信口上都插着雁翎，既可防止露水打湿火药，又可在发射后用之捅开信口。侯卓夫高兴地对大家说："咱们这个小队就叫雁翎队好不好？"指战员们齐声叫好。从此雁翎队的名字叫起来了。关于雁翎队的战斗故事，著名记者穆青曾在1943年写过一篇题为《雁翎队》的通讯，里面写道：

　　他们在白洋淀的每一个港汊间，为敌人撒下了严密的埋伏网，猎枪从芦苇的背后瞄准了敌人的汽艇、包运船和粮队。白洋淀湛蓝的湖水被枪声翻搅起来了，一望无际的荷莲和紫菱遭受了空前的踩躏。傍晚再听不到饲鸭人嘎哑的吆唤，清晨再听不到那悠美的采菱歌。

　　秋天，数十里纵深的芦苇在呼啸着，漫天飞舞着雪白的芦花。偶尔一条银色的鱼带着泼喇喇的水声，欢愉地从莲叶间跃出水面的时候，一群群潜伏的水鸟，便带着低沉的鸣叫，来回地从湖面掠过。……这是白洋淀上美丽的季节，也是水上英雄们活跃的好时候。

　　他们倚仗着惊人的水性和准确的射击，倚仗着水藻和芦苇的保护，三三两两驾着行驶如飞的雁翎船到处分散活动,袭击敌人。一旦发生紧急情况,一声呼啸,几发信号枪,周围所有的雁翎船便立即从四面八方同时出动。有时为着某种必要,在夜雾和晚风飘拂着的湖面上,他们将成百的雁翎船集中起来,趁着月色,悄悄地掩护着我们的水上运输。有时他们也会在一个橘色的黎明突然包围了敌人的水上据点给以猛烈的袭击。①

"1943年,环境大改变,白洋淀的岗楼端了多半边。子弟兵们多勇敢,要叫鬼子的包运船有来无返……眼见包运船来到芦苇前,弟兄们一见心呀心喜欢,队长的盒子(枪)往上翻,打得望天猴(瞭望哨)栽到水里边,唉嗨哟,栽到水里边……"这是《雁翎队之歌》,反映出1943年白洋淀地区抗战形势的好转。那一年,日军在白洋淀周边建起的38个据点大都被端掉,到秋天时,只剩下王家寨和赵北口两个据点了。也就在这时,雁翎队历史上最富传奇色彩的一场战斗打响了。

那时候,日军从塘沽往保定运送军需给养,要穿行白洋淀四五百里地,他们往往是将十几艘船首尾相连,绵延百余米长,称为"包运船"。1943年9月14日黎明,雁翎队全体出动,埋伏在王家寨东边的横埝苇塘里,全歼了由100多只货船组成的包运船队,缴获了大

①穆青:《雁翎队》,《解放日报》1943年8月22日。

量物资。

雁翎队最后发展到100多人，成为白洋淀地区抗击日军的有生力量，有力地配合了主力部队作战。他们利用冰上、水上优势与日伪军交战70余次，击毙日军25名，俘虏30名；击毙伪军250名，俘虏500多名；缴获步枪500多枝，手枪48枝等。为上级党政军机关输送干部、战士600余人，被八路军冀中军区评为抗日先进集体。①

▲ 王家寨旁的水域

_____

① 安新县地方志编纂委员会编：《安新县志》，新华出版社2000年版，第856页。

三、马家寨：六百年历史的造船村

白洋淀区域独特的地理环境和历史积淀，使得人们形成了特殊的生产方式和生活方式。淀区居民主要以捕鱼、织席为业，同时兼营水上运输业，也要耕种农田。捕鱼和水上运输都需要船只，而且淀区水村居民的出行也要依赖船只。因而造船业就在白洋淀发展起来，该区域最知名的造船村非马家寨莫属。

曾经的淀区水村——马家寨

马家寨位于河北雄安新区安新县县城东南5000米，属端村镇管辖。端村镇辖21个行政村，镇政府驻东堤村。上文说过，最早白洋淀就是指端村以南的那片水域，因其在诸淀泊中面积最大，后来代指该区域所有的水面，亦即今天的白洋淀。历史上端村是一个很重要的货运码头，现在依然在使用。

关于马家寨的基本情况，最新一版《安新县志》是这样记载的："马家寨，宋代建村，到 1996 年时，有 1497 户人家，4858 人，耕地 6290 亩，苇田 125 亩，人均收入 2100 元。"①现在的马家寨有 5800 人，辛姓是该村第一大姓；有耕地 5746 亩，主要种植玉米、小麦，工副业以造船、织网为主。②

过去，马家寨是一个淀区水村，四面环水，村设四门，因此也叫"四门寨"。安新县白洋淀造船有限公司创办人辛文生画了一幅马家寨的街区图，从中可以看出马家寨的地理位置与村落布局。围绕马家寨的河流称为环村河，与县城的护城河功能相仿佛，是为了保卫村庄的安全而人工挖掘的。围绕马家寨还有淀头河(淀头渠)、马村河、泥李庄河(泥汪河)、城子河、刘庄河(上边河)、寨南河(下边河) 等 6 条河流呈放射状向四周散开，通往附近的村庄，马家寨与外界的联系全凭水路交通。

---

① 安新县地方志编纂委员会编：《安新县志》，新华出版社 2000 年版，第 100 页。
② 数据由马家寨村村委会于 2018 年 5 月 12 日提供。

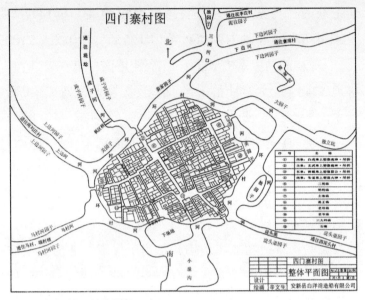

▲ 辛文生绘制的四门寨村图

  关于马家寨的布局,当地流传着"四门四皋四吊桥"的说法。"四门"是指四个寨门;"皋"相当于防御工事,外形颇似后世的岗楼,"四皋"是与"四门"相匹配的;"四吊桥"则是指四座寨门之外跨越环村河的四座吊桥。从"四门四皋四吊桥"的建筑格局来看,马家寨最初应该是一个军事堡垒。后来随着白洋淀水域面积的缩小,马家寨也逐渐由一个四面环水的村庄变成了平原村落。据接受我们采访的辛淑霞老人回忆,1986年前后,村里河道的水就变干了。①

  元明清三代,马家寨属新安县管辖。新安是个古老

---

① 2018年5月12日访问辛淑霞老人的记录,她时年84岁。

的县份,最早称浑埿城(今安新县安新镇政府所在地),元代改名新安县,明清因之,清道光十二年(1832)省新安县入安州(今安新县安州镇),明合实分。1914年,取安州、新安二地名各首字称安新县。抗日战争初期曾划为安新和新安二县,后又划为安新、白洋二县。抗日战争胜利后又合为安新县。中华人民共和国成立后,安新县政府驻地从安州迁往新安城内。1958年又与徐水、容城合为徐水县,1961年析出,复名安新县至今。

马家寨的由来与演变

马家寨原名马村寨。据传原为马氏建村,起名马村。宋代,曾有驻军在这一带防守,形成寨垒,故名马村寨。当时,以镇守三关闻名遐迩的御辽名将杨延昭在此屯驻水军,演兵习武,以船为战而闻名。北宋政和三年(1113)改名定安。明朝永乐年间 (1403—1424), 又有古北口外小兴州人迁至,遂改名为马家砦(寨),也叫四门寨。①

关于马家寨的由来,村中的历史爱好者刘光玉做了一些考证,下面的叙述就来自他的文字材料。②北宋端拱元年(988),杨六郎(即杨延昭)在保州(今安新县)三关设立了中心营地, 当时水路三关是雄州 (今河北省雄县)、霸州(今河北省霸州市)、高阳(今河北省高阳县),

---

① 安新县地方志办公室编纂:《白洋淀志》,中国书店出版社1996年版,第181—182页。
② 马家寨村民刘光玉写于2014年2月10日的未刊稿。

旱路三关是遂州(今河北省保定市徐水区)、泰州(今河北省保定市满城区)、都州(今河北省望都县),保州以东都是沼泽地,马家砦就是沼泽地中的一个高台(那时这里还没有定居人口,也没有村名)。这个说法也得到了地方志的证实,杨六郎"选偏裨义卒防守敌人于此,鲁于地中掘出铜镜,是其验也"①。北宋大中祥符七年(1014),杨延昭去世。杨延昭死后,宋军无意抗辽,从此这一带的辽兵就没有了对手,沼泽地和高台也没有了人烟。

北宋政和三年(1113),有外地移民来到安州。有一对姓马的夫妇和他们在路上捡到的一个小女孩来到马家砦高台搭起窝棚,开始了异地定居的生活。5年后,这对夫妇喜得贵子。这个孩子在20年后又与那个捡来的女孩成亲,婚后4年喜得一个千金,越两年又得一个千金。金大定六年(1166),他们把居住的这块高台命名为"马家砦村",这也是马氏家族的兴旺时期。然而好景不长,不久这里就被金兵占领,无奈之下,他们只好搬到马村居住。

兵荒马乱的年代,百姓生活不得安宁。战乱中,有两个20来岁年轻力壮的小伙子被金兵追赶,逃到了马村村边的一条河里,他们躲在河里的水草丛中,未被金兵发现。当时,河对面马家的两姐妹在洗衣服,看到了发生的一切,等金兵走后,马家姐妹救起了弟兄俩,并安置在

---

① 清乾隆《新安县志·舆地志·古迹》。

自己家里。之后她们得知,这俩人是表兄弟,一个姓刘,一个姓辛,自此马家一家人与弟兄俩就生活在一起了。第二年(1167),他们回到了马家砦,开始了马氏、刘氏、辛氏聚居生活的历史,这也就是马家砦三大姓的由来。

明弘治十四年(1501),明孝宗巡幸新安县,大太监刘瑾随行。皇帝歇驾时听地方官讲述马家砦村的情况,很感动,遂决定到马家砦看望百姓。随同的人员除刘瑾外,还有李东阳、谢迁两位大学士,那时的马家砦已是近千人的大村子了。刘瑾发现刘姓是马家砦村的大户,便向皇帝说这里是他的老家,请皇上恩准自己给老家积点功德,重修马家砦。明孝宗答应了刘瑾的请求,动用官方的银两和人力,建成了四门四皋四吊桥。村寨按轿子的形状所建,街道形成轿杆,修建了经道(打更;旧时一夜分五更,三更半夜,打梆敲锣报时巡夜)走的路。村寨建成,这是一块风水宝地,刘瑾便修建了气势浩大的"刘瑾坟",疏通了6条河道,其中一条河叫上边河,直通"刘瑾坟",北通往刘庄,东通往城子河。6条河道的疏通为马家砦创造了便利的水上交通条件,可以与端村、马村、马堡、寨南、淀头、泥李庄、刘庄通舟船了,村庄的名字也改成了四门寨。

传说终归是传说,虽有一定的可信度,但也有更多附会和想象的成分。从清乾隆八年(1743)编纂的《新安县志》所附舆图来看,那时用的还是"马家砦"的村名。明清时期,四门寨的佛教和道教信仰发展起来,人口的增加、民俗的延展(如婚丧嫁娶、生儿育女等),使得到庙里烧香上供的人越来越多,村里的庙宇也就多了起来。根据辛文生绘制的街区图,马家寨共有 7 座庙宇。

马家寨造船业的兴起

马家寨被称为造船之乡。当地人有句话说:这个村子靠水不治鱼,造船不驶船。在造船上,无论锛凿斧锯,还是撂线放木,在这个 5000 多人的村子里,大多数人都拿得起来。就连白洋淀人也纳闷:同是生活在水乡,为什么马家寨就能出那么多造船工匠呢?大约有三种说法,其中前两种属于民间传说。

第一种传说是认为受了"神"的点化。很早以前,当年的安新县城南关有个魁星阁,魁星是传说中专门点状元的一位神仙。魁星手里拿的笔尖正对准马家寨,一位莽撞的过路神仙一看,这个村以后要出状元,顺便用手把笔尖捏扁了,便成了现在造船用的工具(锛、凿、斧都是扁的)。因此,马家寨出了许多造船的"木匠状元"。后来人们管这些造船的木匠叫"水木匠",纯属祖传技艺。[1]

第二种传说是"白云老祖造船鹰造舵"。白云老祖究系何人?已邈不可考,但"舵"是根据鱼鹰在水中捕鱼时尾巴的动作而发明的,是不无道理的。古典文献《物原》中记载"舵"为夏禹所做。又《世本》曰:"共鼓、货狄作舟。

---

[1] 彭秀良:《"水木匠"辛文生》,《乡音》2017 年第 8 期。

宋衷云：二人并黄帝臣。注云：货狄亦作化狐，化狐见鱼尾画水而游，乃剡木为楫以行舟。"

　　第三种说法，是说马家寨人之所以都会造船、捻船，是一种历史传承。有文献记载：北宋淳化四年(993)，六宅使何承矩及宋将杨延昭镇守边关、抗击辽兵时，曾在白洋淀大搞"塘泊防线"。其工程浩大，"发诸镇兵一万八千人给其役"，并设哨所一百二十五处，"戍卒三千人乘船百艘往来巡逻"。可见当时军中船只数量之多。用船多，军中就必有造船、修船的技术人才。后来辽军兵败退去，杨延昭令一马姓的偏将留守马家寨。由于多年没有战事，很多战士就"军转民"了。军中修造船只的技术人员留下来，为适应新的生活，所造船只就由军用转为民用了。时代的变迁，军工人员演变成为捻船师傅。捻匠和木匠一样，尊奉的祖师爷是鲁班，直到现在，他们还把"墨斗子"上的挂钩称为"班母"呢。①

　　第三种说法好像更接近历史的真实。有地方志学者认为："马家寨造船业兴起于北宋，演进于元、明，而盛于清是有历史有根据的。确切年代虽已无考，但历史悠久、世代相传、远近闻名。造船技术之精湛誉满华北，首屈一指。"②还举出历史资料来做证明："清光绪年间马家寨人曾给皇帝造过龙舟和吊载(粮船)。村民薛小狗给王府造船深得七王爷的赏识，足以证明清代马家寨造船业的存

① 方言：《白洋淀上的传统造船技艺》，《共产党员(河北)》2018 年 8 月(下)。
② 安新县地方志办公室编纂：《白洋淀志》，中国书店出版社 1996 年版，第 182 页。

在是确信无疑的。"[1]

清代,马家寨的造船业肯定是很发达了,光绪年间(1875—1908)为皇家造龙舟,也是事实,马家寨的造船工匠为慈禧太后建造过御用的"安澜舻"画舫。1985年重建"安澜舻"画舫时,辛文生还在北京故宫博物院的收藏室里找到了当年慈禧亲手题写的御匾。他用宣纸拿墨拓回,照原样雕刻制成匾额,复原了一件很有价值的文物。[2]但是要说马家寨的造船业兴起于北宋,史实根据则很不足。著名中国造船史专家席龙飞曾绘制过一幅《宋代造船场地的分布图》[3],黄河以北就没有造船场地。因此,马家寨的造船业兴起于北宋这个结论下得还为时过早,需要有更扎实的历史资料佐证才可以。根据前文所述,明弘治十四年(1501),明孝宗巡幸新安县时才修建四门寨的说法,我们暂时可将马家寨造船业兴起的时间定在明朝初年,而且只有在和平年代,才会对运输和生活用船有着较为稳定的需求。

马家寨的造船业还发展延伸到了天津,天津西于庄地区有个老河口大街,大街的一个出口正对着北运河,那里住着许多白洋淀移民,基本上都是马家寨的。天津文史学者张建先生曾采访过不少老人,他们回忆起1939年发洪水时白洋淀渔民逃亡天津的场景:

---

① 安新县地方志办公室编纂:《白洋淀志》,中国书店出版社1996年版,第182页。
② 彭秀良:《"水木匠"辛文生》,《乡音》2017年第8期。
③ 席龙飞:《中国古代造船史》,武汉大学出版社2015年版,第181页。

老河口聚集着不少从白洋淀一带过来的渔民，那会儿都是顺着大清河奔天津的，怎么说城市也比农村强嘛。所以，他们就在老河口岸边打窝棚落脚，平常划着小船带着鱼鹰逮鱼，冬天在河边摇麻绳、编草。那会儿粮囤都用席子围，家家户户也都铺炕席。所以草席买卖可火了，要不这附近有个叫席厂的地方呢。[①]

这些接受采访的老人，就是那个年代移居天津的白洋淀渔民的后代。祖辈的生活状况对他们而言，恐怕也属于道听途说，但由此能够窥见白洋淀与天津之间的历史联系有多么密切。我们也去那里探访过，找到了马家寨移民的后裔，他们也讲到了先辈们的移民史和生活史。老河口大街上过去有个纱布厂，其前身是天津福利船厂，这个船厂就是马家寨的移民建造起来的，后来船厂搬迁到了塘沽，更名为塘沽船厂。现在，随着城市的发展，老河口大街已于 2018 年拆除了，马家寨移民的后裔也都四散开来，一切也只能留存于人们的记忆中了。

马家寨的革命传统

马家寨还是一个有着光荣革命传统的村庄，中国共产党的早期重要成员辛璞田即是马家寨人。抗日战争全

---

① 张建:《口述津沽:民间语境下的西沽》,天津古籍出版社 2017 年版,第 84 页。

面爆发后,马家寨的造船工匠以自己特殊的方式支援敌后游击战争。

> 安新从来号水乡,遂水烟波纤桨忙。
> 风雨同舟三百里,他日归来共此航。
> 十二连桥望端村,燕南赵北起红云。
> 邵家园边欢相送,要凭双手扭乾坤。

这是 1925 年 5 月,天津五四运动的领导人之一、共产党员于方舟送别友人辛璞田时所写的一首诗。辛璞田,又名绍卿、田河,字瑾涵,号赤生,1903 年出生于马家寨的一个农民家庭,是天津五四运动的中坚分子和中国共产党的早期优秀党员。①

1919 年 5 月 4 日,北京爆发了反对签署巴黎和约的学生爱国运动,其势如暴风骤雨席卷全国。在此形势下,天津各学校也纷纷成立了学生会。辛璞田被选为直隶一师的学生代表,积极投入了天津学生联合会和天津各界救国联合会的筹备工作,并同于方舟、邓颖超等人一起发动、组织天津广大青年学生和爱国同胞开展游行示威斗争。5 月 7 日,在天津学联的组织领导下,天津爱国青年举行了第一次声势浩大的示威游行,辛璞田始终走在游行队伍的最前面,带头高呼口号,表现出了强烈的爱

---

① 本章有关辛璞田的内容均引自或参考杨亚蒙、马景文撰写的《辛璞田:雄安新区早期革命先烈》一文,该文载于《文史精华》2018 年第 1 期。

国热情和大无畏精神。坚强的革命斗志和非凡的领导才干使辛璞田脱颖而出，成为天津学生运动的领袖之一。在轰轰烈烈的学生运动中，辛璞田与邓颖超、于方舟、江浩（江著源）等人结下了深厚的友谊。

辛璞田

1924年3月，经李延瑞介绍，辛璞田加入了成立不久的天津社会主义青年团。6月，青年团天津地委在直隶一师设立支部，由辛璞田担任书记。从此，他组织领导更多的青年学生加入青年团的队伍，革命力量不断发展壮大。由于辛璞田的出色表现，1925年年初，经江著源、于方舟、李显声（李锡江）等人介绍，辛璞田加入了中国共产党，并被任命为顺直（"顺直"是一个历史地名，大致相当于今天的北京市、天津市和河北省区域，清代在此设立直隶省和顺天府，此后人们就用"顺直"来称呼这一地区）省团委会委员兼天津团委会委员，他还以个人名义加入了中国国民党。

1926年3月，辛璞田接受党组织的委派，进入广州黄埔军校短训班进行培训。同年7月，国民革命军为了扫清北方的军阀势力，出师北伐，辛璞田被安排担任北伐军第六军第十九师第五十七团政治指导员，后转战于江西，参加了收复南昌的战役。战斗中，辛璞田右臂受伤，但他没有离开前线,简单包扎后又投入了战斗。

1926 年冬,辛璞田受中共北方区委派遣,到内蒙古主持军运兼管直隶口北 10 县(宣化、赤城、万全、龙关、怀安、怀来、延庆、阳原、蔚县、涿鹿)的农运工作。当时,口北地区正处于非常残酷的斗争时期。奉系军阀成立了旗产、官产清理处,借此欺诈百姓,广大农民苦不堪言。1927 年 5 月 3 日,辛璞田在党的领导下,组织延庆县 32 个村 6000 名贫苦农民举行起义,他趁着天黑行动方便,先指挥 3000 人到距县城一两千米的地方设下埋伏,随后又指挥另外 3000 人在城外向城内敌人示威,示威队伍高呼"打倒军阀""打倒土豪劣绅""实行土地革命"等口号,还将事先抓来的旗地清理处 6 个催款委员押到城下,当着敌人的面将他们处死,想以此引诱保安队出城,予以歼灭。但是,狡猾的县官唐玉书无论城外的队伍怎样呼喊,就是不让保安队出城,在对峙中过了一天一夜,仍没有结果。第二天清晨,辛璞田不得不改变了计划,将担任埋伏任务的一半人马也调到城下,率全体起义农民将县城团团围住。得到消息的农民们也纷纷赶来支援,参加暴动的农民越来越多,口号声连成一片。这时,县官唐玉书被迫出城声明:"凡未征款的旗地一律缓登缓办。除口头答复外,并张贴布告。"农民起义获得了胜利,口北 10 县的农民运动迅速开展起来。

1927 年冬,辛璞田赴北京汇报工作时,不料交通站被敌人破坏,出了叛徒,他不幸被捕。1928 年 1 月 19 日,奉系军阀陆军军法裁判处以"共产党派赴绥远调查军情，密报共产党中央机关，以便辅助北方军事工作"的罪名，将辛璞田等 9 人判处死刑，随后押赴天桥刑场执行。

1948 年，辛璞田烈士牺牲 20 年后，中共冀中区党委在他的家乡马家寨修建了辛璞田烈士纪念碑，时任中共冀中区党委副书记金城亲自撰写了碑文："璞田同志毕生革命，为党，为民族，为了人民的解放事业，顽强坚定，不屈不移，成为我们每个共产党员前进的榜样。"1996 年 3 月，中共安新县委、安新县人民政府为辛璞田重修烈士祠，以弘扬烈士功绩，教育后人。

抗日战争全面爆发后，马家寨的村民陷入了水深火热，全村的造船厂全部被日本侵略者烧毁。船只是白洋淀人唯一的水上交通工具，没有了马家寨的造船厂，白洋淀人的生产生活陷入了困境。为了满足白洋淀 96 个村的船只使用需要，马家寨的造船工匠只好到各村造船修船。日本侵略者为了控制造船业，还在马家寨设立了岗楼，就是这样也没有管住马家寨人的造船。他们白天出村造船修船，晚上回来秘密和敌人战斗。由此产生了一句歇后语：马家寨的师傅——早晚回家。①马家寨还有 30 多位造船工匠为安新县地方游击武装 "三小队"（即著名的 "雁翎队"）造船，②为支援敌后抗日游击战争起了不小的作用。

---

① 马家寨村民刘光玉写于 2014 年 2 月 10 日的未刊稿。

② 安新县地方志办公室编纂：《白洋淀志》，中国书店出版社 1996 年版，第182 页。

▲ 辛璞田祠碑亭

四、"水木匠"：持续接力的造船人

"水木匠"的叫法不知始自何时，但肯定已经有很多年了。民国时期，马家寨的造船业获得了较快发展。从新中国成立到改革开放前，马家寨的造船业是以集体所有制的形式存在。改革开放以后，个体和股份制的造船企业开始出现，并取得了重要发展。

马家寨造船业的发展历程

1926年，白洋淀区域洪涝成灾，迫于生产生活的需要，马家寨的家庭造船业趋于兴盛，相继出现了户与户联合经营的造船作坊，其中以"东兴""永顺""同兴""四合顺""盛兴""两益公"等较大，时有"造船八大家"之称。87岁高龄的辛文忠老人是"两益公"船厂创办者的后人，他回忆说："'造船八大家'中有两家不是做船的，有六家做船，分别是两益公、东兴、永顺、同兴、四合顺、盛兴，两益公是第一家造船作坊。"①

那个时候,各个造船作坊的规模不同,经营方式也不同,包括专营租赁、专营销售、租赁销售兼营等3种。辛文忠老人回忆说:"那会儿有钱人家买船,来定做,穷人家就来租船,租一个月两个月的,租期到了再还回来。"②租赁大多都是用船户慕名登门面议,而买卖船只则到集市成交。端村镇的船市历史悠久。"船市在村东头闸口堤外,马家寨以制船而闻名,制作的木船,如六舱、五舱、四舱、三舱、鸭排子、鹰排子等不下十几种,都经马村河驶来在这里出卖、租赁。每逢集日,船市交易更加繁忙。"③

各个作坊的造船技艺各有千秋,为便于识别和在竞争中立于不败之地,各作坊除了在质量上下足功夫外,还各自在船尾标明字号以示区别,其中以"两益公"的船为最好,船型美、速度快。各作坊拥有的船数不等,少者数十只,多者百余只。工人每天挣20个大子(铜币,折合一斗玉米)的工资。早年船业衰败,工人多外出边乞讨边做工(造船)。大水年份造船业发达,工资上涨至5角。④这种私人作坊的组织形式一直延续到1950年前后。

---

①② 2018 年 5 月 12 日访问辛文忠老人的记录。

③ 赵峥:《端村旧话》,载政协安新县文史资料征集委员会、安新县地方志办公室编纂:《安新县文史资料》第 5 辑。

④ 安新县地方志办公室编纂:《白洋淀志》,中国书店出版社 1996 年版,第182 页。

土地改革以后，村内几大作坊的船只被分给船工，农民几家合起来购料造船,解决了吃穿问题,造修结合,以造为主,造一只六舱可挣 3 石(1 石约合 100 千克)麦子。分配方式是按社员投入股金和劳力的多少分红。当时淀区的木船拥有量已达 8430 只。1953 年,在安新县城东南角大桥成立了群众造船社,有社员 45 人,都是马家寨人。1956 年,群众造船社与马家寨修配厂合并,改称安新造船社,独立核算,自负盈亏,有职工 285 名,年修造农用木船 205 只。是年,淀区木船拥有量 10 904 只。由于国家提高了工人工资,购进原料的价格低,船只销路好,利润大,销一只船可得纯利润 3 石麦子,出工造船一只可得 2 石麦子。①造船业比较发达。

1959 年,安新县、容城县都合并到徐水县。安新造船社与新安木业社、安新机械厂合并,称为徐水县造船厂,企业的性质由集体所有制转为全民所有制,有职工 140名,年造农用木船 218 只,全年完成工业总产值 44.5 万元。人民公社成立后,生产队也组织船工造船,以工分为计算单位,每天 10 个工分;外出做工的收入一般交给生产队购买工分,本人可得到 3~5 角的收入。②

1959 年,恢复安新县建制,造船厂与木业社、机械厂分家,职工精简为 44 名。1962 年,企业性质又由全民所

---

①② 安新县地方志办公室编纂:《白洋淀志》,中国书店出版社 1996 年版,第183 页。

有制转为集体所有制,年造家用船 395 只,全年完成工业总产值 33 万元。1966 年,造家用木船 99 只,全年完成工业总产值 9.9 万元。1978 年,安新县造船厂有职工 53 名,年造木船 449 只、20 吨拖轮两艘、游览船一艘,全年完成工业总产值 30.6 万元,实现利润 2.65 万元,上缴税金 0.82 万元。1985 年,造船厂有职工 40 名,年造船 119 只,完成工业总产值 23.5 万元。1988 年,造船厂有职工 44 名,固定资产净值 8.8 万元(原值 77.8 万元),年造船 285 只、15 米游船一艘,全年完成工业总产值 83.32 万元,实现利润 2.6 万元,上缴税金 2.8 万元,全员劳动生产率 1.89 万元。淀区木船拥有量为 12 831 只。[1]

白洋淀造船业对木材的要求是非常严格的,除艡、艘等大船使用红松、白松外,其他舱类船均用槐木(即小叶槐,俗称笨槐)。1958 年以前,造船木材均由厂方派人采购。因为不能满足造船需要,从 1958 年后即由省、地"戴帽"拨给造船专用木材指标,每年两批,每批 500 立方米,均为上好的红松。

20 世纪 70 年代初,造船木材供应日趋紧张,造船厂于 1971 年年初派技术人员去无锡参观学习水泥船的制造方法,并于当年试制成功第一只水泥船。经初步试行,认为水泥船造价低廉,不需要养护,可节省维修费用和大量木材,使用方便,性能尚好,基本符合淀区农副渔业

---

① 安新县地方志办公室编纂:《白洋淀志》,中国书店出版社 1996 年版,第 183 页。

生产的要求。县政府划拨洼碱地 26 亩,并两次拨款总计 9 万元筹建水泥船厂,之后建成 800 平方米车间一座、300 平方米库房一座。6 个月后船厂与县水产公司合营。但水泥船在北方严冬恶劣的环境中,水泥大量剥落,破损严重。这一致命的缺陷迫使水泥船厂建成仅一年便于 1973 年停产,生产的 20 条水泥船不久也都相继报废。①

马家寨的手工作坊

中国历史上的木船制造业基本上都是以手工作坊的生产形态出现的。蓝勇通过对历史上川江木船的研究发现,中国古代的木船制造"不过是一种小家族式的作坊,船匠多分散于民间,维系关系主要靠加入当地的'鲁班会'(交纳码头钱),由船匠师傅带帮手形成规模不大的手工作坊"②。到 20 世纪三四十年代,四川省 12 个重要港口的造船厂,平均每个造船厂只有 16 个工人,多的也不过三四十人,超过 100 人的相当少。1939 年,重庆江北漕江河厂因规模较小,为应合川盐务局造盐船之役,只能临时雇用水木工 100 多人来赶工。重庆江津一带在民国时制造木船,还主要是靠城关三渡五码头的"锤锤帮"水木匠来完成。③原来,川江两岸的造船匠人也有"水木匠"的称谓。

---

① 安新县地方志办公室编纂:《白洋淀志》,中国书店出版社 1996 年版,第 184 页。

②③ 蓝勇:《对先进制造技艺与落后传承途径的反思——以历史上川江木船文献为例》,《历史研究》2016 年第 5 期。

对于中国三大船型之一的"福船"来说,其制造形态也是手工作坊。宁德漳湾刘氏造船家族是著名的"福船"制造家族,也是福建沿海现今从事木船制造规模最大的一家。开始于明朝中叶的刘氏造船家族,"明清至民国,刘氏造船的方式,或受雇于人远赴他乡造船,或在漳湾海边就地搭寮建造"①。无论是"受雇于人远赴他乡造船",还是"在漳湾海边就地搭寮建造",都表明他们的造船方式是很随意的,造船不是在固定的厂房或船坞里面完成的,手工作坊的性质很明显。在"福船"的另一处制造基地——福建泉州,历史上建造木船的手工作坊很多。在泉州的江边或海滨一带,分散着许多官办及民间的造船厂,所有的木船全靠船匠集体配合、手工打造,船匠在岸边安营扎寨,锯木声、打锤声不绝于耳,造船场面热闹非凡。②

浙江舟山著名的岑氏造船家族,是由岑家太爷爷岑明锡于 1900 年开启的,亦是木船作坊。1915 年,岑阿友接班后,开始建造木帆渔船。1953 年,岑全富继承传统手艺,成批建造不同类型、不同用途的渔船和帆船。到了 1975 年,岑国和与他的弟弟岑武国中学毕业后继承祖业,成为岑氏造船世家第四代有文化有手艺的传人。当

① 朱勤滨、王小东:《福船生存状况与保护思路——以宁德漳湾刘氏造船家族为中心的考察》,《宁德师范学院学报》(哲学社会科学版)2017 年第 1 期。
② 谢艳:《泉州古船制作技艺再现——仿古船模》,《石狮日报》2011 年 5 月 28 日。

时,岑氏木船作坊年产各型木帆船约百余艘。到20世纪80年代末期,四代人先后共造各类木帆船1000多艘。①

马家寨"水木匠"制作木船,当然是与中国传统造船业态相一致的,亦为手工作坊。这种一致性体现在遵循着共同的造船规律:第一,造船具有季节性。在白洋淀区域,春秋为排船(造船)旺季,淡季则以治鱼、跑船(运输)为业,兼顾农田生产。②川江两岸的船厂也多是季节性开工,在枯水季节打造,临时雇用,均无固定厂房设备,仅有一个工作码头露天作业,一到淡季,工人转做其他苦力。③第二,根据雇主的要求,经常到外地造船。马家寨人走到哪里就把造船技艺带到哪里。去外地捕鱼,带网不带船,走到哪里排到哪里,就地排船就地使用,不用时变价出售。"两益公"船厂创始人的后人辛文忠老人在回答访问者的问题"你们做船有固定的地方吗?"时答道:"没有,那会儿是哪儿宽敞去哪儿做。"④造船的季节性和流动性决定了手工作坊的造船业态。第三,造船不用图纸,只凭师徒口耳相传。宁德漳湾刘氏家族的造船技艺都是口耳相传,只传给刘氏子孙。⑤马家寨"水木匠"技艺的延续也是

---

① 岑国和口述、陆行军整理:《建设仿古帆船博物馆——舟山造船世家传人的心声》,《浙江档案》2011年第10期。

② 安新县地方志办公室编纂:《白洋淀志》,中国书店出版社1996年版,第189页。

③ 蓝勇:《对先进制造技艺与落后传承途径的反思——以历史上川江木船文献为例》,《历史研究》2016年第5期。

④ 2018年5月12日访问辛文忠老人的记录。

⑤ 朱勤滨、王小东:《福船生存状况与保护思路——以宁德漳湾刘氏造船家族为中心的考察》,《宁德师范学院学报》(哲学社会科学版)2017年第1期。

这个路子。口耳相传，是中国工匠的传统做法，当然会形成手工作坊的生产组织形式。

当然，马家寨造船业采用手工作坊的形式还有自身的因素：首先，建造的多为小型船，大型船只的建造比较少，这样手工作坊就显得很经济。白洋淀淀泊与沟壕相互交错的自然地理环境，使得大型船只无用武之地，而家家户户从事渔业生产及其他水上作业的工具多为小型船只。历史上本地居民的生产生活与水密切相关，但制备大型船只的人家很少。穆青的通讯《雁翎队》里叙述雁翎队队员驾驶的船只皆为小型船只："在这纵横百余里的广阔的湖面上，随着这个名字出现的，是无数只插着雁翎，载着武装，使敌人惊慌失措的'鹰排子'和一个个用白毛巾裹头的战士。"①辛文忠老人在谈到他们所造船只的情况时，也说道："规格不同，有大的，有小的，有用来放鱼鹰的，有用来放鸭子的，打鱼的船稍大些，套芦苇的也大点。"②其次，白洋淀的造船业因船只卖价低，利润空间小(造一条铁制的渔船，售价在 8000~15000 元之间，除去原材料，所剩无多，能开给工人的工资也就不高)，因此，马家寨的年轻人几乎都不愿学习又苦又累的木船制作技艺，更愿出去打工或从事其他职业。造船挣不到大钱，从一个侧面说明，马家寨的造船业以小型船只为主。

---

① 穆青：《雁翎队》，《解放日报》1943 年 8 月 22 日。
② 2018 年 5 月 12 日访问辛文忠老人的记录。

民国时期起步的马家寨造船"八大家"，从严格意义上说都是手工作坊。目前，仍有少数上年岁的"水木匠"坚持制作数量不多的木质船，他们叫上一两个人帮忙，在村子里随便找块空地就可以开工了。可以这样下判断，手工作坊一直支撑着马家寨的造船业走到了今天，还将继续前行，展示更加辉煌的未来。

马家寨的"水木匠"

在马家寨，原本掌握传统造船技艺的"水木匠"人数不少，但在 1981 年至 1988 年间，白洋淀连续 8 年干淀，年轻一代都不愿意学习造船技艺，传统的造船技艺面临失传的危险。但在这种情况下，马家寨还有一些人在坚守着，姜琳祥就是其中的一位。

姜琳祥，1939 年出生，是河北省非物质文化遗产——"传统木船制作技艺"的传承人。姜琳祥很早就开始从事造船业，1956 年先后在天津造船厂、安新县造船厂工作，1959 年在汉沽盐场修造对艚船，1963 年先后在保定地区王快水库、西大洋水库修造船只，1968 年先后在北京颐和园、动物园、陶然亭、北海等公园修造游船，1978 年在承德、甘肃等地修造船只。

虽然已经八十高龄，姜琳祥仍然放不下他心爱的造船技艺。姜琳祥造船全凭手工，在他看来，手工造船省料，一艘两舱的"庄稼排子"，他和堂弟姜虎山两人 10 天便能制成。姜虎山说：一个造船匠辛苦一年仅能挣一万多元，马家寨里的年轻人大都从事挣钱较多的装修行业了，祖传的造船技艺在传承上已经出现断层。

虽然姜琳祥小学没有毕业，但他养成了写日记的习惯，每造一艘船，他都会在日记中详细记录下来。多年来，他已经留存了 10 多本日记。这是一笔宝贵的财富。

辛文生是安新县白洋淀造船有限公司的创办人，也是自小学习造船并坚持至今的"水木匠"。更重要的是，他将马家寨传统的木船制作技艺向前推进了一步，晋档升级，发展出了龙画舫和其他游船系列，使得马家寨的造船技艺又上了一个新台阶。

辛文生，1950 年出生，其祖祖辈辈都生活在马家寨。他的父亲自幼参加革命工作，从 14 岁起当地下交通员。1943 年，父亲随全家去天津，在天津码头当装卸工人（俗称"扛河坝"），工作之余从事地下交通员的工作，是一名共产党员。1946 年参军，1947 年给华北野战军某旅长当警卫员。在一次行军时得了重病，养病期间与部队失去联系，便回家务农。1954 年，辛文生的父亲参与成立了五四社集体造船，1973 年后在马家寨当党支部副书记，1983 年担任马家寨村民委员会主任。1986 年后，他不再担任村干部，和家人一起从事修造船。

辛文生小学毕业后，没有条件继续上学，就随同村里的老师傅到北京修船造船。1967 年，辛文生跟随马家寨的刘德顺等人到北京地坛公园、青年湖公园制造木质手划游览小船。其后的几年里，他们先后在北京紫竹院公园、玉渊潭公园修造船，还到北京市昌平县(今北京市昌平区)海子水库建造数十艘捕鱼船。北京怀柔水库修建天文台时，他又与同伴们一起建造了几艘大五舱的运输船。

造船的历程很艰辛。"那个年代造船没有机械，造船先学拉下锯(开板)，学使墨斗、拉钻，学习捻船缝等技术环节，"辛文生说，"我跟老师傅一个环节一个环节地学，每天早起打扫卫生，倒垃圾。"①业精于勤而荒于嬉。干了一天活，造船师傅们都下班了，年轻人大多出园子逛街，辛文生却待在简陋的宿舍里，把白天所造船的尺寸记在小本子上，以便自己造船时借鉴。辛文生说："老师傅造船都是凭经验，造船也没有图纸。我当时就想，船身的长宽尺寸不是想一想就得出来的，都有比例，每个船都有它一定的尺寸。"②

当年，辛文生在造木船的实践过程中，自学了木船结构图的画法，从此马家寨的"水木匠"也能绘制造船图纸了。后来，随着造船材质的更新，玻璃钢成为造船的主要材质。玻璃钢船的结构图与木船结构图的画法不一样，辛文生虚心求教，向某渔船研究所的高级工程师冯振玉请教。冯振玉送给他一本玻璃钢船体结构制图的书，书中有粗实线、细实线、粗虚线、细虚线、粗点画线、粗双点画线、细双点画线、轨道线、花线等各种样板线的

①② 安彪：《匠心本独运，斧凿著精神》，《老人世界》2018年第12期。

画法,每种样板线画在什么部位也标得非常清晰。在冯振玉的指导下,辛文生掌握了玻璃钢船体结构图的设计方法。

一次,辛文生接到了一个建造28米钢质双层画舫的订单,他又请教了渔船研究所的高级工程师史春光,史春光又赠送给他一本钢质渔船船体结构节点的书。辛文生一个人带着绘图尺、船舶曲线板及资料从马家寨来到北京,住进宾馆整日用功起来。白天,他足不出户,待在宾馆里看资料、画图纸、想问题;晚上,史春光下班来到宾馆,辛文生就向他讨教钢质画舫的结构设计问题。他对史春光说:"设计钢质船的图型都是捕鱼船艇型式的结构,没有画舫船型的结构,游览画舫的船型结构是什么样的画法呢?"①史春光告诉他怎么画,而且几乎每天下班都来宾馆指导辛文生画图。这样,用了20多个晚上,辛文生不仅设计出了28米钢质画舫的图纸,还掌握了木船、玻璃钢船、钢质船等船型图纸的画法。正是通过锲而不舍的勤学苦练,辛文生实现了人生旅程中的"蜕变",他华丽转身,将传统木船制作技艺与现实需要结合起来,造就了马家寨造船业新的辉煌。

在50多年的造船生涯中,辛文生建造的民船大大小小,不计其数,大中型画舫就有200多条。北京颐和园、圆明园、北海公园、龙潭湖公园、雁栖湖公园、石家庄

---

① 安彪:《匠心本独运,斧凿著精神》,《老人世界》2018年第12期。

植物园、承德避暑山庄、天津水上公园、沈阳辉山公园、山东莱芜雪野、宁夏沙湖等众多景区，都是辛文生的老客户。

辛文生谈到，现在一些作坊和造船厂也开始造画舫了，但由于搞不好船体和船体上部建筑、建筑部件的比例关系，建造出来的画舫看着别扭，销路也打不开。主要原因是造船技艺不到位。目前祖传的造船技艺在传承上已经出现断层。辛文生希望新一代马家寨人绝不能丢弃老辈们的传统技术，更要精益求精，把这一门手艺和这种精神继续传承下去。

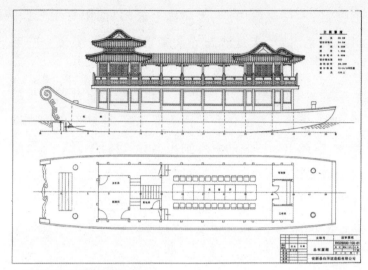

▲ 28 米钢质双层画舫总布置图

▲ 28 米钢质双层画舫模型

五、龙画舫：晋档升级的新发展

在漫长的生产实践中，马家寨的"水木匠"发展了精湛的造船技艺，并世代相传至今，成为珍贵的人类文明成果。改革开放以后，以白洋淀造船有限公司为代表的"水木匠"开发出了龙画舫建造这一高端技艺。

"水木匠"的手艺

辛佩臣老人是马家寨造船"八大家"之一的永顺船厂创办者的后人，他对前来采访的学生说："当时白洋淀上，只有我们村能造船，其他村造不了，人家都说我们是造船之乡，这都是祖传的手艺。"①他的话语中带着满满的自豪感，这是可以理解的朴素情感。

马家寨的男孩大多从 14 岁起就辍学务工，因此村民的文化素质普遍不高。他们学习造船技术是从最简单

---

① 2018 年 5 月 12 日访问辛佩臣老人的记录。

的拉木锯开始的,以后逐步掌握各种操作技能和制造工艺。从业者不分年龄大小,也不分工龄长短和技术水平的高低,所得到的劳动报酬是均等的。[1]这种分配方式在其他行业看来是行不通的,但在马家寨似乎是一项不成文的规定,这也是马家寨造船业的特点之一。

具体到马家寨的造船工艺,首先要从挑选木材说起。马家寨的"水木匠"选择所用木材,可以称得起是"独具慧眼":直身树固然好,但对木身弯曲不直的树则更感兴趣。因为用这种树造船可以节省木料。"水木匠"挑选树木和伐树都是很有讲究的。

先说选树。第一步,用眼睛分辨树的好坏,看看有没有虫蛀、干裂,这也是分为三个步骤的:(1)看树叶有无"焦梢",如有"焦梢"可能会出现"底拨",意即树的根部空了,向上空不过三尺。(2)看"树疤",疤有"干疤"和"水疤"之分,如疤痕干燥,树就没有问题;相反,如疤痕潮湿,树身里面就有问题。(3)看树皮,如树皮光润好看,就没有问题。但是如果有"树龙"(顺着树身凸起的条痕),里边就会有裂缝,不易取材。[2]第二步,判断一棵树能造几只船,方法是用手量几手(俗称"鲅"),就知道一棵树能造几只船了。所谓"一手",即是将手掌伸开,从大拇指到中指的最长距离再加上中指的一节,谓之"一手"(约合

---

① 安新县地方志办公室编纂:《白洋淀志》,中国书店出版社1996年版,第193页。

② 同上,第189页。

23厘米）。一个人站在树前，两手从胸前略高处围树量起，五手半可排六舱一只，六手半可排六舱两只，七手半可排六舱三只……以此类推。但是树身的高度必须在6米以上。

再说伐树。"水木匠"伐树素有绝招，不论树有多大，院子有多小，丝毫不会损坏房子和什物。伐树的过程更是别开生面：先落树冠（即树帽），后伐树身。用一根大绳套上甲枝伐乙枝，套上丙枝伐丁枝，依次伐完，再放倒树身，而后就地放线破板，板厚9~10厘米。[①]这样伐树既可以避免发生意外，又便于从院内运出。

马家寨"水木匠"选树、伐树往往是"随弯就弯"取材，先落树框后刨树根，根据树框的粗细、弯曲形状，确定适合造船的哪个部位，确定截取的长度，然后随着树身的自然曲度锯放成板材，弯曲部分在排船时用船钉校直。正所谓量材取用，可以节省很多材料。

下面再来说造船。造船的第一步是从破板开始的，即将10厘米厚的板材破成5厘米厚，再"寸五两开"，除掉锯口纯为一分板。以六舱的制作为例，4个人两天就排成。但一只船的材料须由6个人运到家，4条锯8个工破一只船的板。从伐木到下水共需用25个工。[②]

破板后是放线。造木船这门技术跟其他木工技术

---

①② 安新县地方志办公室编纂：《白洋淀志》，中国书店出版社1996年版，第189页。

不一样,一般木工都是放直线。而造船以基线、中心线为中心打直线,其他船板口都是弯线,弯线甩好后用眼看顺不顺,每个弯线还要锯成趄口,用手刨刮好,再一块一块用钉子钉住,里外缝趄口均匀。这就是"水木匠"独有的手艺。[①]

马家寨"水木匠"造船的工艺流程大同小异,可以概括为以下步骤:

(1)钉墩,共钉6个墩,一般墩距长1.45米,宽距0.75米,用水平吊平;(2)编底,连根、龙骨、隔仓板,上梁;(3)将船底和墩底连在一起,使船头翘起;(4)上托;(5)上梁板(即隔山板),共5道梁,与连根相接;(6)钩梁;(7)上栈板;(8)顺栈板上面安装厚6厘米的两条板,称为上腊;(9)锯茬;(10)上搪浪板;(11)上前后掏子(即托梁子);(12)上船廒;(13)上前铺头、后权梢;(14)上面梁、引条、卡子、压梢板等;(15)扣棹窝、上螃蟹盖子、钉棹拨;(16)下墩、打张(翻个儿)、加钉;(17)净面、开缝;(18)捻船;(19)搓油。[②]

捻船是马家寨"水木匠"的绝活之一。他们所造的船从外形看,除各舱盖板、左右船侧板、船底为平面外,其余部位几乎都是曲面,且板与板间的接合部位多为曲线,单凭手工将缝隙弄得滴水不漏是不可能的。原因有

---

① 彭秀良:《"水木匠"辛文生》,《乡音》2017年第8期。
② 安新县地方志办公室编纂:《白洋淀志》,中国书店出版社1996年版,第189—191页。

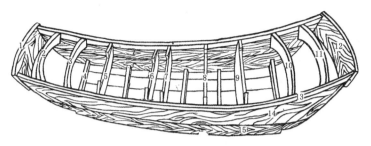

1.夫子头 2.前背面掏子 3.前迎面掏子 4.脊 5.前梁 6.棹梁 7.桅梁 8.大梁
9.后梁 10.后迎面掏子 11.后背面掏子 12.滚梢 13.腊 14.栈板 15.水托

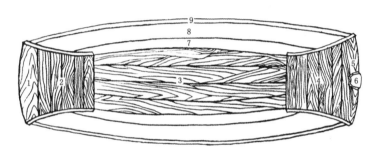

1.夫子头 2.前搪浪板 3.船底 4.后搪浪板 5.滚梢
6.螃蟹盖子 7.水托 8.栈板 9.腊

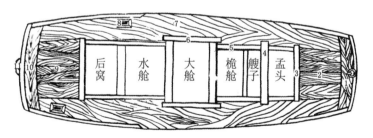

1.压梢板 2.前埔头 3.映水条 4.面梁 5.引条 6.大口
7.船厫(甲板) 8.棹窝眼 9.后权梢 10.后压梢板 11.螃蟹盖子

▲ 图片引自安新县地方志办公室编纂:《白洋淀志》,中国书店出版社1996年版,
第189页。辛文生修正

二:一是曲面接合部位难以严缝;二是船在使用过程中时潮时干,木质有胀有缩,缝口再好也难免不漏。为此排船时对接缝的质量要求极严。处理接缝的方法是等船排好以后,再填料堵严,这个堵的过程称为"捻船"。捻船的工艺流程是先和好麻刀,要像和泥、和面一样和得均匀、成熟,其下料比例为1斤桐油、3斤灰、2两水,用水将石灰化粉后再与油相合。捻船时先搓油,后放灰,再下麻(麻絮)。捻大船时反手持凿,动作娴熟,音调和谐而富于节奏。口诀是:"先搓油,后抹灰,放上麻,向里塞。"捻好后再擦一遍油。捻大船时最后还有一道"齐口子"的工序,就是用"齐口子"(一种专用工具)将缝隙抹平,这是其他小船所没有的。

搓油是造船的最后一道工序,方法是用布蘸上桐油搓拭整个船体,以搓透为度,目的是防腐蚀。自用船要搓三遍油,卖的船只搓一遍油。在船只的使用过程中,要根据船的失曲程度及时进行修理,艒、艘、䒀等大型船只在每年入冬修一次,其他船只都要在每年春节前和伏天各修一次。尤其是夏季,缝中的灰条会因失油而脱落,造成沤缝。故而夏季的维修特别重要。如果使用维护得好,一只船的寿命可达数十年。

在船只的维修过程中,有一道工序名为"放印子",即给船打补丁,这更是马家寨"水木匠"的一手绝活儿。"放印子"的过程是,先将损坏的部分用工具剔掉,洞孔自然呈不规则形状,然后选一块合适的板料,不用量尺寸,单凭目测用斧子砍,妙在一砍就成,一放准合适。①

▲ 颐和园中的画舫制作现场

---

① 安新县地方志办公室编纂:《白洋淀志》,中国书店出版社 1996 年版,第 194 页。

▲ 马家寨村中的木船制作现场

▲ 安新县白洋淀造船有限公司传统木船制作现场

"水木匠"使用的工具

马家寨"水木匠"使用的造船工具也很有特色，大体上可分为两大类：一是造船使用的工具，一是辅助器件。造船工具有几十种之多，根据用途可分为6种类型，分述如下：

1.斧子。这是我们日常生活中常见的一种工具，不独"水木匠"使用，其他人也经常使用。"水木匠"用它砍削木料，砸敲铆钉。

2.锯。锯的种类有三：一是大号框锯(西式板锯)，用于梭料；二是小号框锯(夹背锯)，用于截取木料；三是挖锯、钢丝锯、锼弓子，用来锯割曲线。

3.刨子。刨子的种类繁多，尺寸不一，用途也不一样，可分为：(1)长刨，用于严缝、找平、净光；(2)中刨，用于粗刨；(3)小刨，用于净光；(4)大线刨，用于整修裁口内角；(5)槽刨，用于刨玻璃槽、板槽(3毫米~5毫米、10毫米……宽度不等)；(6)斜口刨(歪嘴子)，用于刨截面、横丝；(7)小滚刨(螃蟹刨、一字刨)，用于刨弧形工件；(8)起线刨，用于起各种线条，如凹刨(内圆)、鼓刨(外圆)、线刨，等等。

4.凿子。凿子的种类也很多，根据用途可以分为以下几种：(1)扁铲(扁凿)；(2)钉凿；(3)斜口铲，修榫卯用，与凿子配合使用，规格大小不同，扁平的叫铲；(4)戗凿；(5)料补子。

5.量具。根据规格,量具可以分为以下几种:(1)六方尺;(2)小方尺;(3)大方尺;(4)画线器(勒子);(5)墨斗。

6.辅助工具。所谓辅助工具,并不是可有可无的,只是无法将其归入上述工具类型。辅助工具主要有:(1)钢锉;(2)木锉;(3)量扣子(拆旧船用)。

▲ 斧子

▲ 大号框锯

▲ 小号框锯

▲ 钢丝锯

▲ 各类刨子

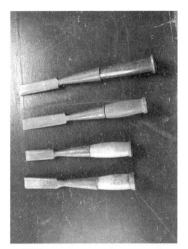

▲ 扁铲

▲ 扁凿

▲ 钉凿

▲ 斜口铲

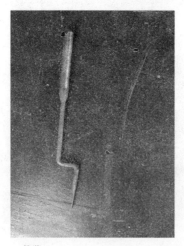

▲ 戗凿

▲ 料补子

▲ 六方尺

▲ 小方尺

▲ 大方尺

▲ 画线器（勒子）

▲ 墨斗

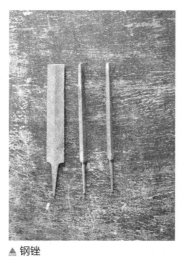

▲ 钢锉

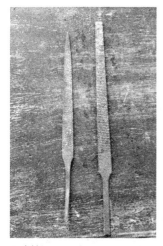

▲ 木锉

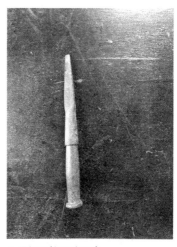

▲ 量扣子(拆旧船用)

"水木匠"造船使用的辅助器件,其实就是造船时用于连接木料和加固船体的各种物料,当地人也称之为"铁活"。"铁活"包括卡子、锔子和钉子三类,下面分别举例说明。

1.卡子。卡子的用途比较广泛,但种类不多,主要包括普通卡子和葫芦卡子两种,它们的区分主要在于形状的不同,进而造成功能不同。

2.锔子。锔子的种类相对于卡子来说要多一些,包括:(1)燕尾锔;(2)葫芦锔;(3)通天葫芦锔;(4)工字锔;(5)榔头锔;(6)锥子燕尾锔;(7)小锥子锔。

3.钉子。造船用的钉子叫作"船钉",种类也不少:(1)猴头钉;(2)缝钉;(3)小缝钉。

▲ 普通卡子

▲ 葫芦卡子

▲ 燕尾铞

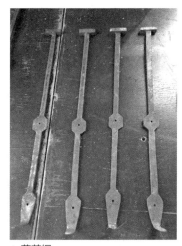

▲ 葫芦铞

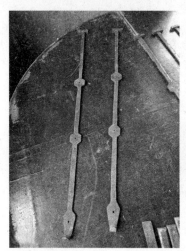

▲ 通天葫芦锔

▲ 工字锔

▲ 榔头锔

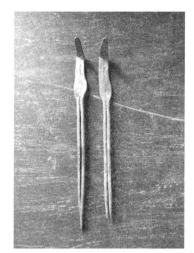

▲ 锥子燕尾锔

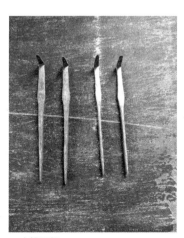

▲ 小锥子锔

▲ 猴头钉

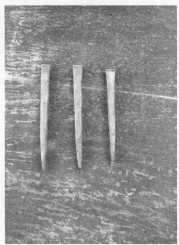

▲ 缝钉

▲ 小缝钉

在"水木匠"造船所使用的辅助器件中，船钉的用量最大。因此，铁活儿(钉)加工业应运而生。20 世纪 50 年代初期，马家寨以打制船钉为业的作坊有十几家之多，现在纯手工打制船钉的小作坊仅剩下了一家。排船须用各种铁活儿，但都不能与水接触。因为铁遇水要生锈，会影响船的使用寿命。

当代"水木匠"

改革开放以后，思想观念得到了解放，生产队的资金分到各户，船工自行组织造船，收入增加了很多。马家寨外出做工的工匠也多起来，遍布北京、天津、内蒙古、辽宁、吉林、黑龙江、山西、陕西，以及河北省各大水库。86 岁的辛增田老人面对学生的提问："你是在本地做船吗？"他爽快地回答："不，哪儿都去，给别人打工，去过邯郸、张家口。"①在马家寨造船业的发展过程中，安新县白洋淀造船有限公司的成立是一个标志性的事件。

安新县白洋淀造船有限公司的前身是安新县马家寨白洋淀船只修造厂。由北京市海淀区社会治安综合治理领导小组出具的"施工许可证"显示，签发日期是 1987 年 11 月 28 日，准许安新县马家寨白洋淀船只修造厂在颐和园施工，负责人是辛文生。其实辛文生就是该船只修造厂的负责人。

---

① 2018 年 5 月 12 日访问辛增田老人的记录。

▲ 施工许可证

　　1981 年至 1988 年，白洋淀连续 8 年干淀，马家寨的年轻人都不愿意学造船这门技艺，传统的造船技艺面临失传的危险。在这种情况下，辛文生带领安新县马家寨白洋淀船只修造厂的一班人，通过与中国船舶工业总公司、中国渔船研究所等单位合作，着力于开发游船和画舫，开启了传统造船技艺的现代转化进程。

　　早在 1959 年春天，时任文化部副部长的周扬来到白洋淀视察，指示建水上文化宫（画舫），由 77 岁的造船工人贾忠负责设计并监造。他从家里召集来能工巧匠 17 人，大家在没有先例、无可参照的情况下，走出了一条凭空设想、巧妙设计、精工建造的尝试之路，建成了"白洋淀大花船"。很快完成了这一光荣而艰巨的任务。此船前看呈方形，后观呈六角形，是座两层楼船，飞檐吊角、雕梁画栋、五彩纷呈，中间为两层楼房，内设餐厅、娱乐室、休息室、图书室、会议室、厕所等，耗资达 10 万元。[①]该船集多种功能于一身，集中体现了马家寨造船工匠的聪明才智和精湛的造船技艺。

通过与中国船舶工业总公司的合作，安新县马家寨白洋淀船只修造厂建造的各种船只终于获得了较高的社会认可。1992 年 10 月，中国船舶工业总公司船舶系统工程部出具证明书，确认安新县马家寨白洋淀船只修造厂具备建造 200 吨以下各种船只的资质。1994 年 2 月，渔业部渔船检验局颁发"工厂认可证书"，确认安新县马家寨白洋淀船只修造厂具备修造总长不足 20 米的非钢质船舶资质。

随着业务的扩大和企业升级的需要，辛文生决定将安新县马家寨白洋淀船只修造厂改造成一家有限责任公司。1997 年 3 月 17 日，安新县安洋造船有限公司正式注册成立，注册资金 50 万元，法人代表辛文生。2005 年，该公司又进行了增资扩股，更名为安新县白洋淀造船有限公司，并在原端村粮站旧址建造厂房。目前厂区面积为 13 200 平方米，专业生产各种水上游乐用船，包括电瓶船、画舫船、手划船、脚踏船、摇橹船、快艇、电动游艇等，还取得了中华人民共和国渔业船舶检验局颁发的 30 米

---

① 安新县地方志办公室编纂：《白洋淀志》，中国书店出版社 1996 年版，第 183 页。

证　明　书

　　常驻北京颐和园内的河北省马家寨白洋淀船只修造厂，与我部合作多年，经我部设计，由该厂承建的长13—37米，排水量20—200吨的古建画舫、交通船、消防船等近20艘，经天津港监、北京船检组、白洋淀港检等船只检验管理单位，按照常规检验，其建造的船只，均达到各项设计指标。该厂有一支较强的施工队伍，也有一定的船体设计能力，并能全面地设计施工上部建筑。实践证明，该厂是守信誉、重合同、具备承建200吨以下各种船只的船厂。

中国船舶工业总公司舰船系统工程部

一九九二年十月

▲ 中船公司证明书

▲ 工厂认可证书

以下船舶设计"资格证书"和"渔船修造厂认可证书",以及河北省海事局颁发的"船舶生产许可证"。

龙画舫的开发与辉煌

在安新县白洋淀造船有限公司成立之前很久,辛文生曾与贾忠一起为颐和园建造过画舫。1981年3月,辛文生和贾忠等人去北京北海公园,为北海公园建造两艘木质画舫。当时同样没有图纸,他们就是凭着经验做。在为画舫设计上部仿古建筑的过程中,他们仔细观察北海五龙亭的建筑风格及静心斋、沁泉廊和枕峦亭等建筑,并在贾忠的指导下精研细作。辛文生的表现赢得了贾忠的赞许。两艘画舫造完,油漆彩画后试航,北海公园的领导非常满意。

1981年冬,北京颐和园的领导请马家寨人去修船,辛文生带领韩小永等人前去。在颐和园修船的几个月里,他们的修船换板、捻船缝技术赢得了游船队领导的信任。从此他们连续几年为颐和园修船,改造游船的上部古建筑。

勤于思考,善于思考,是辛文生造船技艺不断提高的秘诀。在为颐和园维修、改造几只13米多长的旧运输船时,拆除了两只。辛文生没有错过机会,他将船身的各部尺寸都记下来,之后细算它的比例,发现旧运输船的宽度是长度的1/4,型深是长度的1/15……辛文生由此学会了船体设计,也学会了上部仿古建筑设计,能根据用户要求设计各式各样的画舫图纸,并根据图纸建造各种各样的画舫和游船。辛文生还带着马家寨的年轻师傅们到颐和园学习。经过不懈努力,这些马家寨的年轻人终于能够自己画图纸,能够自己加工制作、安装画舫上部的仿古建筑,马家寨多了一批堪称"多面手"的年轻工匠,为传统造船技艺的传承与发展创新打下了坚实的基础,为再造大型画舫奠定了基础。

1985年,辛文生接到了一个重要任务,颐和园要建造当年慈禧太后御用过的安澜福画舫。当时没有影像资料,辛文生等人在故宫收藏室找到了当年慈禧亲笔题写的御匾,他们就用宣纸拓回,照原样雕刻制成"安澜舻"匾,上有御印"慈禧皇太后御笔之宝"。画舫船体的设计非常合理:上部建筑选择颐和园的清式建筑,船前选择卷棚歇山建筑,中段游廊雕刻云伏如意头,挂檐板平顶,船尾选一殿一卷式垂花门构造。

垂花门的尺度没有数据,辛文生他们就以颐和园内的德和园后门的垂花门为参照。下午闭园后,辛文生等人用一根木杆画上尺寸,去量垂花门的进深、柱径、柱高、檐枋、垫板、麻叶抱头梁、麻叶穿插枋、帘笼枋、垂帘柱、檐檩、檐椽等尺寸,回去细算后才知道古建筑也有一定的比例。于是把这些建筑按比例缩小画在船体总图上。第一次设计完成船体与上部仿古建筑图纸后,园领导非常满意,指示他们就按照图纸施工建造。

施工时,船体和上部建筑同时开工。船体是木结构,

▲ "安澜舸"匾拓片

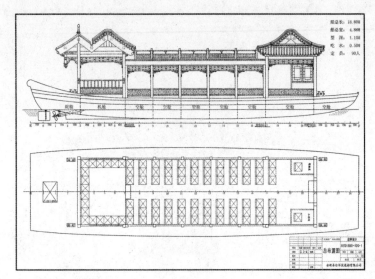

▲"安澜福"总布置图

▲"安澜福"模型

船体材料使用一级红松，上部建筑大木结构材料也使用红松。船体做好开始捻船缝，同时安装上部建筑。船体捻缝与上部建筑完工后，园林油画队开始做单皮灰地仗[①]。苏式彩画，同时安装机器，油漆彩画，竣工后下水试航，效果非常好。复原已经消失了近百年的颐和园皇家御船，恢复其原貌，保护和发展了颐和园的御船文化，更保护了颐和园的历史文化。

1991年，辛文生为颐和园建造"太和"号画舫。当时没有影像资料，仅依据档案中的文字描述进行设计，按照乾隆皇帝时期清漪园最大的御船"昆明喜龙"设计建造。

"太和"号按照"昆明喜龙"舟的数据设计，船体通长37.09米，宽8.59米，通高10.49米。船体上部建筑为两层：一层船首至船尾平顶，挂檐板雕刻云伏如意头，船体两侧走廊；二层前殿选择颐和园里的建筑样式，卷棚歇山加抱厦，中间段选择颐和园长廊样式，后殿选择颐和园歇山重檐建筑样式。经过反复修改画出了总体布置图、型线图、船体及上部建筑结构图。在设计图纸期间，辛文生请教了颐和园小西作马师傅，建筑上有的部件不知道叫什么名字，马师傅把这些部件的名字全部都告诉了辛文生，像檐边木、踩步金、踏脚木、草架柱，等等。园领导要求按照图纸比例做一个船的总体模型。

园方计划这艘画舫造好后，想请清华大学出一个完

---

① 单皮灰地仗，简称单披灰或单皮灰，特指没有麻层或布层的地仗做法，有四道灰、三道灰、二道灰等多种做法。

工图。于是园方拿着图纸找到了清华大学古建筑专家徐柏安教授。徐柏安教授认真看完图纸后问:"图纸是谁设计的?"由于彼此熟识,园方半开玩笑地说:"是一个小学毕业生画的。在园方的引荐下,徐柏安教授与辛文生第一次见面了。

徐柏安教授与辛文生谈了3个小时,他问辛文生上部建筑各部位的名字,辛文生都一一作了答复。徐柏安教授谈到自己设计的建筑都是在陆地上,砌好台明及柱顶石,柱子开个榫,固定在柱顶石上就可以了。问辛文生是怎么把柱子固定上去的,船又是个游动的物体,能跟船固定得牢靠吗?

辛文生把船体设计方法告诉徐柏安教授:把建筑面阔的柱位在船体上放一个横向水密隔板,每个柱位都放水密板,在柱位的进深位置放上一个纵向围框,柱位放到横隔板与纵围框交叉角的位置,用螺栓纵横固定。

徐柏安教授说道:"船上这些部件的名字,我之前都不能全叫出来,今天学到了不少知识啊。这样,你们哪天固定船体上部建筑,告诉我,我去现场看看。"

1991年11月5日,船模型做好,园方请周维权、徐柏安教授就"太和"号模型进行了座谈。两位专家一致认为,在昆明湖上建造一艘这样的大船是必要、可行的,它本身就是昆明湖的一景;对采取的建筑型式是满意的,这种造型很好。同时对模型提出了一些具体的肯定和改进的建议:第一,这条船下水以后将轰动北京,是件大事，一定要造好；彩画要富丽堂皇，光彩照人；二层平台前面的两个角去得也好，线条显得有变化；抱厦加得好，园林建筑味道浓厚；船艏、艉比例适宜，前面再短点也可以。第二，后重檐举架短了些，柱高与栏杆比例稍差，如果船体宽度不够可以加宽，保证柱、屋顶加高 60~80 厘米；栏板 80 厘米合适，不能再降低；重檐的体量显得小了点，去掉一层金柱，二层柱外移，将其体量放大一些，加强其气势，同时解决一层檐大的问题。第三，抢脊再平一些，重檐可试做大脊，使前后有区别，气势可能更好。第四，挂檐板可用浅浮雕云伏如意头装饰。第五，栏杆要做小靠柱，色彩不要太花哨。第六，屋顶檐用琉璃瓦剪边，内黄外绿、内绿外黄都行。第七，内装修（包括灯具）都要设计好、做好，一定要宫廷化，切忌半土半洋。第八，楼梯放在里面，做得对称，又实用又有点缀作用才好。

辛文生按两位专家提出的改进意见，在实际造船时都进行了改进。船体做好，立柱时把徐柏安教授请来，将上部建筑的立柱插到船体横隔板与围框之间，这就相当于固定到基础台明柱顶石的位置，使立柱得以在横向和纵向合力固定，最后用螺栓固定。

徐柏安教授前后去看了三次，他说："我的顾虑都消除了，不用清华大学出完工图纸了，辛文生画的就可以。"专家的肯定，是对辛文生多年来精研造船技艺的最大的鼓励和肯定。

1992 年 9 月 24 日，这艘当时全国最大的玻璃钢船——"太和"号画舫下水,北京市领导剪彩,北京电视台全程直播,轰动一时。"太和"号于当日正式为中外宾客服务。颐和园大型仿古画舫"太和"号的建成,充分将我国的传统造船技术和传统建筑文化集中展现了出来。

我国历代皇家御苑中的水上游览船舫均华丽壮观。汉武帝在长安开凿昆明池,并在池上造"豫章"大船,船上建宫室,历代因袭。乾隆在清漪园建造的"昆明喜龙"船就是这种类型的皇家御舟。"太和"号画舫的建造再现了这种皇家御用大画舫的风采。

"太和"号画舫的造型充分考虑到颐和园的建筑特色,无论在昆明湖中任何水域行驶或在岸畔停泊,均能与岸上建筑协调一致,是湖上的动态景观。"太和"号画舫通长 37.09 米,宽 8.59 米,通高 10.49 米,排水量 197吨,航速 9 千米/小时,上下两层,上层前舱楼单檐歇山出厦,后舱楼重檐歇山,前后舱楼连以通廊,外檐选用金龙和玺彩绘,顶部呈现绿剪边黄琉璃瓦效果。①

"太和"号画舫内用金丝楠木装修,设有贵宾厅、乾隆休息室、多功能厅、小型舞场、酒吧、卫生间,并具备中央空调、立体声音响等现代化设施;外形古朴、装饰典雅、活动舒适,在昆明湖上宛若一座水上宫殿。适宜接待百人以内高规格的洽谈会、冷餐会、新闻发布会、酒会、婚礼、联谊会、棋牌类比赛等。

---

① 林捷森:《颐和园"太和"号画舫简介》,《技术经济信息》1993 年第 4 期。

与同类船型相比，"太和"号的机械性能和建造工艺有 5 个特点：(1)玻璃钢船体大；(2)仿古建筑形式丰富；(3)柴油和电推进系统结合；(4)先进的无级变速器操纵和电子作业系统；(5)船体数据都与数字"九"有联系。其中第五个特点是最为有趣的，因为中国传统一向把一、三、五、七、九作为阳数，而把二、四、六、八作为阴数，"九"又称为"阳极"，寓意大吉大利、九九归一。

2014 年年初，正在白洋淀船厂赶造画舫的辛文生接到了北京颐和园的电话，要求他尽快赴京，园里准备建造两艘画舫。与园方接触后，辛文生了解到，2014 年，亚太经合组织(APEC)第二十二次领导人非正式会议将在北京怀柔雁栖湖举行。会议期间，将邀请来华出席会议的部分经济体领导人、代表的夫人们参观世界文化遗产颐和园并游览昆明湖，园方需要两艘能体现国家历史底蕴的画舫。

辛文生接下建造任务后，回去仔细琢磨：造两艘怎样的画舫呢？他想，首先还是要突出中国元素，龙是中华民族的图腾、中国文化的象征，建造这两艘画舫还是要选取龙画舫这个样式。其次，既然是接待贵宾的用船，在用料和工艺上要更讲究。最后辛文生决定，这两艘龙画舫用玻璃钢材质制作船体。首先，玻璃钢结实耐用，耐酸碱；其次，船体与龙头龙尾流线型易于制作，龙头龙尾造型与船体更易于接注在一起；再次，维护成本低，技术成熟；最后，他有经验有信心，之前他就建造过总长达到 21

米的玻璃钢材质画舫。另外就是上部建筑的样式,这是
最让他费心思的,究竟用何种样式?辛文生对颐和园中
的一草一木、一楼一台早已烂熟于胸,反复考虑后他决
定:船体上部建筑的前殿座,采用两卷式的慈禧太后御
坐船"镜春舻"舱楼的屋顶,中间部分采用长廊,后殿采用
万寿山铜亭重檐的建筑样式、彩绘及装饰。这两艘画舫
既突出了中国元素,又将颐和园内建筑典雅厚重、明丽优
美的风格完美融合在一起。

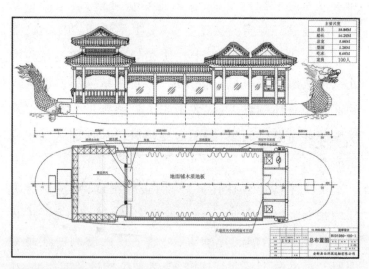

▲ 喜龙舫总布置图

　　2014 年 11 月 11 日上午，精心打造的两条画舫景龙舫和喜龙舫正式投入使用。颐和园昆明湖波光潋滟的湖面上，参加 2014 年 APEC 领导人非正式会议的部分经济体领导人及代表的夫人们，兴趣盎然地乘坐着两艘画舫，徜徉于碧湖和西山群峰构成的美丽画卷之中。

▲ 喜龙舫

六、保护与传承：传统技艺的转化与呈现

作为华北地区唯一的造船之乡，马家寨的造船业有着很大的影响力。规划建设雄安新区，为马家寨造船业的发展提供了新的契机。如何保护和传承白洋淀传统木船制作技艺，亦是雄安新区规划建设的题中应有之意。

手工作坊是传统木船制作技艺展示和传承的新载体

随着雄安新区建设步伐的加快，白洋淀的渔业生产和其他传统产业的重要性也会逐步减弱，同时随着白洋淀区域陆路交通条件的改善，也会有越来越多的人依靠汽车出行，依靠舟船出行的人会越来越少。在这双重因素的影响下，马家寨的造船产业不会在传统形态上获得更大的发展。我们认为作为造船业承载形态的手工作坊并不会消失，而是应该转变为传统木船制作技艺展示和传承的新载体。

白洋淀传统木船制作技艺已经被列入河北省非物质

文化遗产名录,并在部分程度上具有活态传承的特点。对于白洋淀传统木船制作技艺的发展,我们觉得需要开拓思路。

首先,在雄安新区的规划过程中,要保留一些传统的手工造船作坊,将其作为展示传统木船制作技艺的载体。白洋淀传统木船制作这一地域特色鲜明的传统技艺,应该成为雄安新区文化传承的一个标志,或者说是一个不可或缺的组成部分。在轰轰烈烈的雄安建设大潮中,传统手工造船作坊不应灭失,而是应该予以保存,让游客们亲眼见识传统木船制作的全过程,既保护了这一传统技艺,又让人们欣赏了中国传统手工艺的精彩与细腻。现场展示传统木船的制作过程,其实也就是非物质文化遗产的活态传承。人们在参观木船制作的过程中,又可以进一步了解水乡居民的生产生活方式,是名副其实的"现场教学"。

其次,将手工作坊发展为船舶博物馆的现代形态,全面展示马家寨这个600年造船村的整体面貌和白洋淀航运的历史风采。手工作坊存在散、乱、小的生产特点,在新区大规模建设过程中有可能灭失,为保存和保护这一传统手工技艺,我们认为应依托马家寨现有条件着手建设"船舶博物馆",尽快地梳理白洋淀木船制作技艺的历史,尽快地搜集与造船相关的文献、实物资料,将手工作坊的造船过程在博物馆动态地展示出来。

目前国内已经建成了几家船舶博物馆,颇值得我们学习、仿效。

建成于 1959 年的泉州海外交通史博物馆、登州古船博物馆作为展示中国古代海船的专题性博物馆，为保存和发掘造船文化、提升城市品位都发挥了积极作用。[①] 1990 年建成的登州古船博物馆位于山东蓬莱旅游区内的蓬莱阁东，是国内第二个陈列古船的专题性博物馆。[②] 泉州湾古船陈列馆、登州古船博物馆作为展示中国古代海船的专题性博物馆，为保存和发掘造船文化、提升城市品位都发挥了积极作用。

以内河船为主题的船舶博物馆有嘉兴船文化博物馆和中国运河文化博物馆。2003 年 10 月 26 日建成的嘉兴船文化博物馆坐落于京杭古运河畔的浙江省嘉兴市，是世界上陈列船舶最多的博物馆。[③]于 2009 年正式开放的中国运河文化博物馆坐落于美丽的东昌湖畔（山东省聊城市），是国内第一座以运河文化为主题的博物馆。在运河文化博物馆内，陈列着一艘元代官府督造的典型"漕船"。[④]嘉兴船文化博物馆和中国运河文化博物馆对于保护和发掘造船文化、提升城市品位同样起到了积极作用。

著名的舟山岑氏木船作坊没有像样的生产基地，造船车间仍然是向舟山渔业公司租赁的一间旧厂房，设备

---

① 《泉州海上交通博物馆》，《航海》2005 年第 3 期。
② 袁晓春、王茂盛、刘卫国：《登州古船博物馆》，《海交史研究》1992 年第 1 期。
③ 张远平：《嘉兴船文化博物馆开馆》，《船舶工业技术经济信息》2004 年第 1 期。
④ 李付兴：《历史的积淀与再现——聊城运河文化博物馆》，《中国名城》2008 年第 S1 期。

简陋,也没有自己的船坞、码头及船模展示厅。2008年,在当地有关部门的关心和支持下,曾计划在朱家尖游艇工业园区划出一块20亩的土地,作为岑氏木船作坊的生产基地。在他们的规划中,这20亩土地上将建设一座仿古帆船博物馆。但最后这事也被搁置了。①仿古帆船博物馆一旦建成,定能够为宁波市的旅游经济发展,以及海洋文化对外交流做出积极的贡献。

与岑氏木船作坊相比,马家寨具备更为优越的博物馆建设条件。辛文生的安新县白洋淀造船有限公司不仅有开阔的场地和厂房,还有空间充裕的办公楼和展厅,完全有条件建成一座北方船舶博物馆,将手工作坊这一传统形态完整地保存在博物馆中。如果这一设想成为现实,定能够为保护、发掘雄安新区优秀传统文化、延续雄安新区历史文脉增添浓墨重彩的一笔。

早在雄安新区设立之前,辛文生就有建设白洋淀船舶博物馆、重塑马家寨船文化新型产业链的设想,当然这是个系统工程,非一家造船企业所能完成,但建设造船博物馆、完整保存马家寨的风貌、保护和发掘白洋淀造船技艺与文化目前来看是可行的。

再次,手工作坊在制作木船的同时,大力开发船模制作,让更多的人认识白洋淀木船、了解白洋淀木船,这样既有利于传统技艺的传承,又有利于解决劳动力的就业。

---

① 岑国和口述、陆行军整理:《建设仿古帆船博物馆——舟山造船世家传人的心声》,《浙江档案》2011年10期。

制作船模，在一些传统木船制造基地已经有了非常成功的先例，比如在泉州：

> 在石渔村海边的一座仿古客栈里，堆满了长短不一的木条和木块，在造船的案板上，摆着许多上了漆的船模零部件，还有锯子、刨子、电钻等工具，角落里的桌子上，则摆着几艘尚未完工的仿清船模。这就是卢老伯的工作室。在这里，卢老伯先后造出了四十多艘仿古船模，都是按照不同比例微缩的。这些船模，最大的1.8米，最小的不到20厘米。①

马家寨村的姜琳祥近些年已经开始制作船模了，在他简陋的工作室里摆放着十多种模型。每一种船都有自己特殊的功用，载客、载货、施肥、收苇子……各式各样的木船，承载着一段段白洋淀的生活故事。

安新县白洋淀造船有限公司的辛文生也制作了多种船模，包括画舫的模型，这些船模多在公司的展厅展示，还没有大规模地走向市场。在他的办公室里，最显眼的就是他的画舫模型。他表示，老一辈马家寨的能工巧匠为白洋淀的造船业增添了光彩，身为新一代马家寨人绝不能丢掉老辈们的传统技术，要把这一独门手艺继续传承下去。船模制造目前在马家寨尚未形成产业，开发大有潜

---

① 谢艳：《泉州古船制作技艺再现——仿古船模》，《石狮日报》2011年5月28日。

力。作为 5A 级景区的白洋淀,每年吸引着大批游客,这些游客游览白洋淀后,不免会购置一些旅游纪念品,而手工制作的船模无疑是最具白洋淀特色的旅游产品,它蕴含着传承数百年的造船文化,利用好这一资源,船模制作就会真正形成产业,更利于保护和传承这一传统手工技艺,弘扬白洋淀造船文化。

▲ 幸福舻模型

▲ 万荷舫模型

▲ 太平号模型

▲ 盛世舫模型

▲ 引凤模型

▲ 水云乡模型

▲ 辛文生和他制作的船模　辛学红拍摄

附　录

白洋淀造船业考察行纪

这是一个伟大的时代,我们有幸成为这个时代的见证者、亲历者和实践者。2017 年 4 月 1 日,中共中央、国务院宣布设立河北雄安新区。从国家层面看,这是一项重大的历史性战略决策,是千年大计、国家大事;从河北的角度看,是实现与京津协同发展的一个重大历史契机。对于我们来说,同样迎来了一个考察白洋淀造船业的历史机遇。

邂逅安新县白洋淀造船有限公司

2017 年 4 月中旬,河北省内的一家出版社准备出版一套关于雄安新区的书,向我们的好友彭秀良约稿。这套计划由 4 本书组成的"雄安丛书"(当时的暂用名),分配给了我们两本书的写作任务(这套丛书后因故未能出版,我们将两部书稿合二为一,重新编排章次,定名为《雄安新区:地理、历史与文化》,于 2019 年 3 月由华东理工大学出版社出版)。在编写计划启动之后,我们便开始了对雄安新区的深入考察。

4月28日,我们与彭秀良、杜书锋(事先已约定由杜书锋负责摄影,照片作为书里的插图使用)第一次到雄安新区做实地考察。那天的行程安排得很紧张,上午要考察安新县的安州镇和端村镇,下午打算到白洋淀淀区和东南部的邵庄子、赵北口等水区村考察。端村曾是历史上白洋淀岸边有名的货物集散地之一,也曾是津保内河航线上的主要码头之一,盛极一时。

从端村回返安新县城的途中,不期然见到了公路边"安新县白洋淀造船有限公司"的牌子。说实话,我们以前虽然多次到过白洋淀,到过雄安新区三县(雄县、安新县和容城县),但对雄安新区三县和白洋淀的了解仅限于白洋淀的自然风光、美食,要说对白洋淀造船业的了解还真是少之又少,最多也就是见过白洋淀中行驶的渔船和游船,却从未想过这些船出自何处。

猛地看到"安新县白洋淀造船有限公司"的牌子,我们马上产生了到里边造访一下的冲动。进入公司大院后,很快就遇到了该公司的负责人辛文生先生,辛文生先生对我们的冒昧之访没有感到丝毫的不快。他已69岁,但精神极佳,谈兴甚浓。

辛文生先生在一楼会客厅热情地接待了我们。会客厅的面积不小,两侧的墙上挂着各式各样船只的照片,颠覆了我们对白洋淀造船水平的认知。满以为他们不过是造些简单的在淀上行驶的小船，听完辛文生先生的介绍，才知道该公司的业务并不是造小船，让他们引以为傲的主项是建造行驶在北京各大公园水面的画舫、游船。墙上贴着的那十几张照片中的画舫船，都是该公司建造的。船的样式也很多，有皇家红船黄顶的样式、有模仿徽式建筑的样式、有雕龙镂空花纹样式，等等。令我们惊诧的是，看起来规模并不是多大的船厂，竟然有如此"高大上"的产品。我们对船厂的兴趣不知不觉间变得浓厚起来。

接下来，辛文生先生还带我们参观了公司的船模室。200多平方米的船模室里有10多个玻璃展柜，展柜里面放着二三十个大小不一的船模。这些船模都是按比例手工制作的，虽然是缩小版，但是每一件都很精美，用料很讲究。我们不由得惊叹：这么精湛的制作，这么精致的工艺品，之前我们却全然不知！

与辛文生先生的沟通交流非常顺畅，我们了解到安新县白洋淀造船有限公司已经有30余年的历史了，辛文生先生就是这家公司的创始人，公司的主打产品是皇家风格的画舫，北京的北海公园、颐和园等地水面上的画舫大部分都是他们建造的。几十年来，公司从小到大稳步发展，成为白洋淀造船业的一张亮丽名片。辛文生先生的介绍激发了我们了解白洋淀造船业的兴趣，我们感觉要为白洋淀的造船业做点什么，谈了我们的一些想法，与辛文生先生产生了不少共鸣。因为下午还有其他安排，故未多做逗留，约好下次再好好交流，我们便返回了安新县城。

再访安新县白洋淀造船有限公司

2017 年 5 月 18 日上午,按照与辛文生先生的约定,我们一行 5 人(彭秀良、杜书锋之外,加上了魏占杰)再次造访安新县白洋淀造船有限公司。魏占杰是河北师范大学商学院副教授,主要研究方向是中国近现代经济史,其时他与彭秀良合著的《幽燕六百年:京津冀城市群的前世今生》刚刚出版。这是他第一次参加我们的活动,并且已经预定为"雄安丛书"中一本书的作者。第二年,魏占杰以"白洋淀水文化资源及数据库建设研究"为方向,获得了国家社会科学基金立项。

这一次,辛文生先生带我们细致地参观了白洋淀造船有限公司的各个部分,并且请了两位造船师傅向我们介绍了白洋淀造船业的工艺流程、传统技艺、造船工具等,让我们对白洋淀造船业有了更加深入的认识。通过他们的介绍,我们了解了白洋淀造船业的一些基本情况:

第一,白洋淀的造船业主要集中在安新县端村镇的马家寨。历史上,马家寨号称华北地区最大的造船基地,马家寨的造船人其实就是木匠。但马家寨的木匠和一般的木匠不同,白洋淀的人喜欢称马家寨木匠为"水木匠",是为了与那些打家具的木匠相区分,打家具的木匠被称为"旱木匠"。

马家寨的"水木匠"也能打各式各样的家具,而那些

"旱木匠"绝对干不了"水木匠"的活儿。"旱木匠"的斧头是绝对不敢砍铁的,而"水木匠"的斧子有时候会砍铁钉。因为他们的工具多是向铁匠专门定制的,连使用的铁钉都是分几种,常用的有钉、镢、卡子三种,还会因为船的大小和功能不同打制其他样式的钉。马家寨人不管去哪里造船,都会带着村里铁匠打制的钉子。只要告诉他们造多大的船,马家寨人就知道带多少钉子、多少卡子,如果造的船多或者船很大,他们会邀请铁匠师傅跟随他们一起去造船地打制铁钉。

第二,"旱木匠"要求缝与缝之间严丝合缝,而"水木匠"却不怕有缝,就是一个一元硬币大的窟窿也不怕。在窟窿里面用专用的材料填实——麻、桐油与白灰搅拌好的灰,这种材料结实耐用,即便是木头烂了,它们也完好无损。

第三,马家寨"水木匠"的伐树技术在白洋淀是出名的,谁家的树长在狭窄院落里或者建筑物旁边,都会邀请马家寨"水木匠"去伐树。伐树是一场惊险刺激的表演,让树权掉到哪里就掉到哪里,绝不会伤到周围任何东西。比如一棵直径50厘米以上的树,长在一个很狭窄的院落里,伐树的时候绝不会伤一砖一瓦,"水木匠"会爬到树上分割取材,一段一段地卸下来。

第四,经过600年的传承,马家寨"水木匠"流传下来许多术语,不明白的人听到会一头雾水。如对造好的船只,需要翻个的时候,绝对不允许说"翻个",而说"打张",忌讳说"翻"字,等等。

初访马家寨

2017 年 5 月 18 日下午,辛文生先生带我们到马家寨实地走访。白洋淀造船有限公司是在原端村粮站的原址上建设的,与马家寨的距离大致有 2000 米。通过与村里老人的交谈,我们了解到作为专业造船村的马家寨,已经有了 600 多年的造船历史。原先村里的男子几乎都会造船,上到七八十岁的老人,下到十来岁的娃娃,在造船上人人都有一手,无论锛凿斧锯,还是摞线放木,各个身怀绝技。原来的安新县造船厂和天津一些造船厂的员工就来自于马家寨,山西、内蒙古、黑龙江、吉林、辽宁等多个省份的水库、水面行驶的船只,也多是马家寨的船工建造的。

马家寨并不大,明显分为两个区域——老村和新村,老村与新村之间由一条不宽的已经干涸的沟渠分隔开来。新村的房屋整齐有序,外墙装修也很漂亮,尤其还有几栋新建的居民楼。相比新村,老村的房屋显得太破败了,很多院落的建筑年代久远,有的墙体甚至已经坍塌,一看就很久没住人了,我们的感受就是"空心村"现象有些严重。据辛文生先生介绍,"空心"的原因主要还是村内的宅基地过小,原来的马家寨是三面环水的,土地非常珍贵,所以宅基地都不大。再加上村里的道路狭窄,很多路段错车都很困难,因此后来很多人就到村外

▲ 马家寨的老房子

的自留地去建房了。

行走在略显狭窄的街道上,我们感受着水区村庄的格局,一条条小胡同,四通八达,很多只能容两个人并肩行走,一个个门楼也很低矮,高个子的还要低头方能进入院子,院了普遍都很小。在村里生活多年的辛文生先生对村子感情深厚,他为村子专门亲手绘制了一幅《四门寨村图》。从图中可以看出,原来的马家寨是四面有护村河的,村子有四门、四皋、四吊桥,可以想象白洋淀原来的水面之广,也可以想到马家寨造船业也是具备了地利的。

在当天的考察过程中,我们还专门造访了一家造船的小作坊。在一家院落的房屋后面,有一块不大的平地,搭上了简易的遮阳棚,一个造船车间就成了。我们看到父子两个在紧张地工作,年轻人大致有30多岁,老人约莫60岁开外,二人手里的斧子、电钻等不时地被熟练地拿起、放下,我们亲眼见识了一下建造小木船的场面。谈话间,辛文生先生流露出些许的忧虑——在雄安新区大发展的形势之下,白洋淀造船产业如何发展,能否保留,有着600年历史的马家寨能否完整地保留。我们感受到,他关注的不是个人利益,更多的是白洋淀的造船文化,以及白洋淀的水乡村落文化能否完整保存。受他的影响,我们也在思考,雄安新区的文化遗产如何保护、如何发展。时间如白驹过隙,眼看已到下午5点钟了,我们只能选择踏上返回保定的归途。

再访马家寨

2018年5月12日,我们与辛文生先生再次相约雄安新区。在白洋淀造船有限公司的会客室,辛文生先生为我们约请了马家寨的几位老人,其中就有辛璞田烈士的堂弟辛会增。

几位老人虽已年届高龄,但都很健谈,我们提前做好了采访提纲,为免遗漏,专门找了两台录音设备,由保定学院文学院学生肖婷婷和王贺强逐一做好记录。下午,我们又到马家寨,与原安新县造船厂的退休老员工夫妻座谈。访谈让我们了解到更多有关马家寨造船的第一手资料,比如原安新县造船厂的历史、规模、产值、职

▲ 保定学院中文系学生在做访谈

工构成、职工待遇等,更了解到辛璞田烈士的事迹和牺牲的细节。辛璞田烈士的事迹本书正文已做介绍,不再赘述。

这次考察,我们还见到了马家寨的党支部书记和村委会主任,他们向我们详细介绍了马家寨的现状,如人口、土地、产业构成等,还深入阐述了他们的一些发展理念,以及对未来的展望。同辛文生一样,他们对未来的发展也有些许困惑,不知马家寨到底能否完整地保留下来,马家寨今后的这些产业哪些能够保留下来。这次考察不仅得到了更多的一手资料,也引发了我们的深入思考。

天津寻访

2018 年 11 月 22 日,为更深入地了解马家寨造船业的影响力,我们一行3人(加上彭秀良)到天津福利造船厂旧址进行实地走访调查。天津市西于庄有个老河口大街,大街的一个出口正对着北运河,那里住着许多白洋淀移民,基本上都是马家寨的。老河口大街上原来的纱布厂前身就是天津福利船厂,而这个船厂就是马家寨的移民建造起来的,后来福利船厂搬迁到塘沽,更名为塘沽船厂。随着城市的发展,老河口大街已于2019年拆除了,它也只能留存于人们的记忆中了,马家寨移民的后裔也都四散开来。

虽然造船厂多年前已经搬迁到塘沽,并且旧址也已经面目全非,面临拆迁,我们还是设法找到了两位船厂的老员工,他们都是马家寨人,谈起造船厂和马家寨那是如数家珍。他们丰富的阅历和对马家寨及船厂的深厚感情,都体现在他们的言谈中,我们也因此积累了更丰富的素材。

后　记

　　本书是河北省社会科学基金 2018 年度项目（项目批准号:HB18GL001)"雄安新区特色旅游文化建设研究"的结项成果。本书从立项到今天完稿已经快两年了,让我们稍感欣慰的是,在雄安新区设立三周年之际,我们终于完成了书稿,为雄安新区的文化建设尽了一份绵薄之力。

　　在本书即将付梓之际，我们要特别感谢彭秀良、杜书锋、魏占杰几位好友,为了本书他们付出了很多汗水,先后数次与我们一同到白洋淀实地考察,探讨本书的框架。书中许多照片都出自杜书锋之手。尤其是好友彭秀良,不辞辛苦专门为我们联系出版社,并陪我们几次赴津门会见出版社的编辑。保定学院中文系的两位在校学生肖婷婷、王贺强,亦先后几次随我们到马家寨和安新县白洋淀造船有限公司进行调查,之后认真整理调查笔记、录音资料,形成了书面文字;安新县白洋淀造船有限公司董事长辛文生先生、总经理辛学红女士为我们约谈马家寨的老船工，带我们到村里实地走访，还为我们提供了大量的素材和图片，同样为本书的问世做了大量工作；同事吴璇、李立臣、王红力、左松涛在材料梳理与整理方面为我们提供了大量的帮助；河北一溪文化传播有限责任公司彭蕴初拍摄了相关视频资料，为进一步研究提供了宝贵的素材；责任编辑杨轶在本书的编辑出版过程中，除认真梳理文字、整理图片外，还就本书的框架和内容给出了许多具体可行的建议，在此我们一并表示感谢。在雄安新区大规模建设如火如荼进行之际，我们愿意尽自己所能，为雄安新区的历史、文化乃至文脉做些调研和整理工作，为这座千秋之城的建设添砖加瓦。

限于水平，有些地方还需完善充实，有些地方不免有错漏，敬请方家批评指正。

马景文　杨亚蒙

2019 年 12 月 30 日